慧遠大師

高僧傳

漢傳淨土宗初祖

編撰 釋大參

【編撰者簡介】

釋大參

輔仁大學大眾傳播系畢、華梵大學東方人文思想研究所博士，曾任華梵大學佛教學系助理教授。主要研究領域為天台學、敦煌學、觀音法門及內觀禪法，著有學術論文、散文及新詩等數十篇。

一九八九年就讀輔仁大學期間，參加大千佛學社，皈依懺雲法師及親近臺中蓮社，修學淨業。一九九三年於慈光山文殊院　聖開老和尚座下出家，次年受三壇大戒。二〇〇九年以後，依止大航法師學習教觀二門，及親近當代南傳大師讚念長老修學內觀禪法。現居觀音蘭若，為長老禪法推動與書籍出版園丁，籌畫出版《讚念長老的內觀禪法》、《喜悅的心》及《佛陀的兒子》等書。

【插圖繪者簡介】

玉鼎

宜蘭冬山鄉人。自幼喜愛描繪佛菩薩法相，曾受喇嘛指點繪製唐卡技法，後隨工筆花鳥畫家林淑女老師習畫，並獲陳淑吟老師指導構圖與設色。

玉鼎曾皈依大寶法王，法王慈悲道出佛畫是他一生志業，並賜法名「玉鼎」，予他甚大鼓勵。二〇一〇年創立「玉鼎佛畫藝術」，期許以繪事涵養內德、修持心性，恭敬莊嚴法相，與觀者一同走進虔敬修行之路。

【「高僧傳」系列編輯序】

令眾生生歡喜者，則令一切如來歡喜

「為佛教，為眾生」六個字，乃是印順法師於臺北市龍江街慧日講堂（後因大門遷移，地址遷至朱崙街）為證嚴法師授予三皈依、並賜法名時的殷殷叮囑：「既然出家了，你要時時刻刻為佛教、為眾生。」

依證嚴法師解釋：「為佛教」是內修清淨行，「為眾生」則要挑起如來家業，走入人群救度眾生。因此法師稟承師訓，一心一志「為佛教還原教義，為眾生點亮心燈」，而開展慈濟眾生的志業。

歷代高僧之「為佛教、為眾生」

證嚴法師開創「靜思法脈，慈濟宗門」，並將其與「為佛教，為眾生」合釋：「靜思法脈」乃「為佛教」，是智慧；「慈濟宗門」即「為眾生」，是大愛。

進而言之，「靜思法脈，慈濟宗門」即菩薩道所強調的「悲智雙運」：「靜思法脈」是「智」，「慈濟宗門」是「悲」；傳承法脈、弘揚宗門就要「悲智雙運」，積極在人間發揮慈、悲、喜、捨四無量心。此亦即慈濟人開展四大志業、八大法印時的根本心要。

由其強調「悲智雙運」可知，「靜思法脈，慈濟宗門」並非標新立異，而是傳承佛陀教法以及漢傳佛教歷代高僧的教誨——包括身教與言教，並要求身心皆徹底踐履。為了讓世人明瞭慈濟宗門之初心與悲願，也讓這些歷代高僧的事蹟與精神更廣為人知，大愛電視臺秉持證嚴法師的信念，於二〇〇三年起陸續製作《鑑真大和尚》與《印順導師傳》動畫電影，將佛教史上高僧大德的動人故事，經由動畫電影的形式，傳遞到全世界。

因為電影的成功，大愛電視臺進一步籌畫更詳盡的電視版〈高僧傳〉——採取臺灣民眾雅俗共賞的歌仔戲形式。〈高僧傳〉的每一部劇本都是經過數個月的資料研讀與整理，縝密思考後才下筆，句句考證、字字斟酌。製作團隊感受到每一位大師皆以身作則、行菩薩道的特質，希望將每位高僧的大願與大行傳遍世界。

然而，不論是動畫或戲劇，恐難完整呈現《高僧傳》中所載之生命歷程，以及諸位高僧與祖師之思想以及對後世之貢獻。因此，慈濟人文志業中心便就〈高僧傳〉歌仔戲所演繹過的高僧，以《高僧傳》及《續高僧傳》之原著為基礎，含括了日、韓等國之佛教史上的知名高僧，編撰「高僧傳」系列叢書。我們不採取坊間已有之小說體形式，而是嚴謹地參照人物評傳的現代寫法，參酌相關之史著及評論，對其事蹟有所探討與省思，並將其社會背景、思想及影響皆納入，雜揉編撰，內容包括高僧的生平、傳承及主要思想或重要經典簡介。從中，我們不僅可以讀到歷代高僧的智慧與悲心，亦可一覽相關的佛教史地、典籍與思想。

在編輯過程中，我們可以看到歷代高僧之「為佛教，為眾生」：鳩摩羅什飽受戰亂、顛沛流離，仍戮力譯經，得令後人傳誦不絕，乃是為利益眾生；玄奘歷萬里之險取得梵本佛經、致力翻譯，其苦心孤詣，是為利益眾生；鑑真六次渡海欲至東瀛傳戒，眼盲亦不悔，是為利益眾生；六祖惠能隱居十五載以避害身之禍，只為弘揚如來心法，並言「佛法在世間，不離世間覺；離世求菩提，猶如覓兔角」，亦是為利益眾生……

這些高僧祖師大可獨善其身、如法修行以得解脫，為何要為法忘身、受諸逆境而不退？究其根本，他們不只是為了參究佛法，而是深知弘揚大乘佛法的目的乃在於大慈大悲地度化眾生、讓眾生能得安樂；若不能讓眾生同霑法益，求法何用？如《大智度論．卷二七》所云：

一切諸佛法中，慈悲為大；若無大慈大悲，便早入涅槃。

由此可知，就大乘精神而言，「為佛教」即應「為眾生」，實為一體之兩面。

「大悲」為「諸佛之祖母」

除了歷代高僧之示現，「為眾生」之菩薩道的實踐，於經教中更是多不勝數、歷歷可證。例如，《無量義經．德行品第一》便說明了菩薩作為眾生之大導師、大船師、大醫王之無量大悲：

無量大悲救苦眾生，是諸眾生真善知識，是諸眾生大良福田，是諸眾生不請之師，是諸眾生安隱樂處、救處、護處、大依止處。處處為眾作大導師，能為生盲而作眼目，聾劓啞者作耳鼻舌；諸根毀缺能令具足，顛狂荒亂作大正念。船師、大船師運載群生渡生死河，置涅槃岸；醫王、大醫王，分別病相曉了藥性，隨病授藥令眾樂服；調御、大調御，無諸放逸行，猶如象馬師，能調無不調；師子勇猛，威伏眾獸，難可沮壞。

如來於《法華經．觀世音菩薩普門品》中宣說，觀世音菩薩更以三十三種應化身度化眾生：

佛告無盡意菩薩：善男子，若有國土眾生，應以佛身得度者，觀世音菩薩即現佛身而為說法；應以辟支佛身得度者，即現辟支佛身而為說法；應以聲聞身得度者，即現聲聞身而為說法；應以梵王身得度者，即現梵王身而為說法；應以帝釋身得度者，即現帝釋身而為說法……應以天龍、夜叉、乾闥婆、阿修羅、迦樓羅、緊那羅、摩侯羅伽、人非人等身得度者，即皆現之而為說法；應以執金剛神得度者，即現執金剛神而為說法。無盡意，是觀世音菩薩成就如是功德，以種種形遊諸國土，度脫眾生，是故汝等應當一心供養觀世音菩薩。是觀世音菩薩摩訶薩，於怖畏急難之中能施無畏，是故此娑婆世界皆號之為施無畏者。

為何觀世音菩薩要聞聲救苦？因為菩薩總是「人傷我痛、人苦我悲」，恆以「利他」為念。如《大丈夫論》所云：

菩薩見他苦時，即是菩薩極苦；見他樂時，即是菩薩大樂。以是故，菩薩恆為利他。

正是因為這般順隨眾生、「以種種形」而令其無畏的無量悲心，讓觀世音菩薩受到漢傳佛教乃至於華人民間信仰的共同崇敬。慈濟人之所以超越貧富、超越國界、超越宗教地去關懷與膚慰需要幫助的生命，便是效法觀世音菩薩無量悲心、無量應化的精神。

在《法華經．普賢菩薩勸發品》中發願、將於佛滅後守護及教導受持《法華經》之眾生的普賢菩薩，於《華嚴經．普賢行願品》中則教導善財童子如何供養諸佛，亦揭示了如來、菩薩、眾生的關係：

於諸病苦，為作良醫；於失道者，示其正路；於闇夜中，為作光明；於貧窮者，令得伏藏。菩薩如是平等饒益一切眾生。何以故？菩薩若能隨順眾生，則為隨順供養諸佛；若於眾生，尊重承事，則為尊重承事如來；若令眾生生歡喜者，則令一切如來歡喜。何以故？諸佛如來，以大悲心而為體故。因於眾生，而起大悲；因於大悲，生菩提心；因菩提心，成等正覺。……若諸菩薩，以大悲水饒益眾生，則能成就阿耨多羅三藐三菩提故。是故菩提，屬於眾生；若無眾生，一切菩薩終不能成無上正覺。善男子，汝於此義，應如是解。以於眾生心平等故，則能成就圓滿大悲；以大悲心隨眾生故，則能成就供養如來。

《大智度論．卷二〇》亦云，佛陀強調，大悲心乃是諸佛菩薩之根本，具大悲心方能得般若智慧，亦方能成佛：

大悲，是一切諸佛、菩薩功德之根本，是般若波羅蜜之母，諸佛之祖母。菩薩以大悲心，故得般若波羅蜜；得般若波羅蜜，故得作佛。

「菩薩若能隨順眾生，則為隨順供養諸佛；若於眾生，尊重承事，則為尊重承事如來；若令眾生生歡喜者，則令一切如來歡喜。」閱及此段，不禁令人深深體會證嚴法師之智慧與悲心：慈濟宗門四大、八印之聞聲救苦、無量應化地「為眾生」，也是同時「為佛教」地供養諸佛、令一切如來歡喜啊！

歷代高僧雖未如慈濟宗門般推動慈善、醫療、乃至於環保、國際賑災等志業，乃因其時空因素，欲度化眾生先以弘揚大乘經教與法義為重；現今經教已備，所須的乃是效法菩薩道之力行實踐！慈濟宗門便是上承歷代高僧與經論之教法，推動四大、八印，行菩薩道饒益眾生，以此供養如來。

換言之，歷代高僧之風範、智慧及悲願，為佛教，也為眾生，此即諸佛菩薩之本懷，亦為慈濟宗門之本懷！這便是《高僧傳》系列叢書所欲彰顯者。

遙企歷代高僧儼然身影，我們可以肯定：為眾生，便是為佛教；為佛教，一定要為眾生！

【推薦序一】

慈悲濟眾，文章華國

——高柏園（前華梵大學校長、淡江大學中文系教授）

為人不能無感，讀書不能無感，尤其讀高僧大德之傳記更不能無感。今有幸拜讀大參法師《慧遠大師——漢傳淨土宗初祖》一書，又豈能無感！

本書的傳記部分大分七章，對慧遠法師之生平、行道、影響、貢獻，有十分豐富而深入地敘述；雖是述而不作，其實在字裡行間，也隱然可見大參法師的感動與用心。蓋在史料、事蹟、人物的選擇及描述重點，便可看出作者的前理解，也正是作者言外之意之所在。本書於史料之使用甚多，此為傳記文學之所本；唯作者不僅敘述史料，在其間也透露出對歷史之總總感嘆、對百姓眾生之憐惜之情，此正乃大慈悲心之表現也。傳記一如歷史，並非只是事件、史料之組合，而是有精神、史觀貫注其中，以佛法為本，以慈悲為用，使本書非僅一故事，而更是高貴生命之行誼，亦可說是道在內身之表現。

以此心讀此書，則處處見真心，頁頁現實情，篇篇成般若，即事言理，理融於事，非文字般若又為何？《論語》載孔子有予欲無言之嘆；子貢未達，更請再述，孔子乃曰：「天何言哉！四時行焉，百物生焉，天何言哉！」依此說，則道無所不在，教無所不在，言與不言，又何異焉？體之可也。

佛教是生命的學問，也是實踐之學，生命實踐即在日常生活中表現，也在待人接物，應對進退之間完成。慧遠大師思想深廣，然其一生行誼正是不言之教，密意無限，本書即是依此線索，如莊子之以寓言為廣，使讀者受教於默然，神會於當下，而形式性之理論學說即已隱藏其中。雖然，作者慈悲，於傳記之外，更列〈慧遠的重要思想與著作〉一節，以方便讀者一窺大師思想之堂奧。至於流風餘韻之影響與傳承，則以常住眾、參學遊方僧、高士弟子三義敘述，一可知其薪盡火傳之文化傳承、慧命相續，二是見法輪常轉，止於至善之不可思議因果也。

慧遠大師早年深入儒理，博綜六經，於世學尤善老、莊，而後歸止於佛教，此亦是中國文化生命之縮影也。而「虎溪三笑」之軼聞雖不必是史實，然其會三歸一、和而不同的文化雅量與精神則無可逃也。以此回想華梵大學創辦人曉雲法師致力於儒佛會通之旨，亦正可與慧遠大師之行誼遙相呼應。即就佛教內部而言，慧遠大師推動譯經求法、大小並學，開文化交流之風，成小大無礙之學。其立遠規、結僧團，開中國佛教組織戒規之宏基。至於會眾修念佛三昧，共期西方，則為中國淨宗初祖之大事業。既重念佛，則梵唄唱導自是要務，而慧遠大師更為齋會準則樹立典範。大師並以《沙門不敬王者論》，為佛教之價值與尊嚴提出五大論述，使佛教真正成為三教之一。

以上略述慧遠大師之思想精神，一方面仰懷古德之高風亮節，一方面也以此呼應中國佛教之當代使命與任務。易言之，慧遠大師已盡其時代之使命，而我輩亦宜於古德之加持下，善繼善紹，共同為人類的時代問題，謀求根本解決之道。

我與大參法師曾於華梵大學共事多年。法師一心向佛，學養豐厚、聰慧熱情、富行動力；除教學研究之外，更走訪世界名山大川，古剎聖宇，尤其對敦煌文化研究更深。文如其人，今讀此傳記，固是仰讚慧遠大師之德行，也是領略大參法師的學養與智慧，尤其可感受其間慈悲願力之躍動。今僅以拙文賀本書之峻成，也期盼能有機會再讀到大參法師更多的新作。區區之意，或即在是。

二〇二〇年七月十八日於淡江大學中文系

【推薦序二】

亂世中的明燈——慧遠大師

——林崇安（中央大學退休教授、內觀教育基金會董事）

從佛教史來看，佛滅後五六百年，諸大菩薩應運而生，在印度開始弘揚大乘佛法，以般若、淨土、華嚴等眾多法門來利益眾生。再過二、三百年，與漢地佛法相關的菩薩們也陸續應運而生。

例如，支婁迦讖（一八〇）、支謙（二三〇）、佛圖澄（二三二）、道安（三一二至三八五）、慧遠（三三四至四一六）、法顯（三三七至四二二）、鳩摩羅什（三四四至四一三）等等高僧的出世，各有精彩的度眾事業。以下對慧遠大師的菩薩事蹟作一概述——

（一）累積智慧資糧：

慧遠大師在二十歲以前鑽研儒道，深入掌握其思想精華，二十一歲從道安學習中觀般若，經由比較而知佛法大海之深廣，從此投入菩薩事業。

西元三七八年，道安法師為免徒眾遭受戰禍，分遣各地布教，四十五歲的慧遠大師乃率弟子數十人南下；可知他在南下前已有二十多年的教學經驗，具足充分的智慧資糧。

（二）充實三藏的翻譯：

西元三八三年，五十歲的慧遠大師到了廬山，定居於此後，安心辨道。他知道經、律、論三藏是佛法的根源，要盡量從印度吸收佛法資料。

例如，迎請僧伽提婆入山，譯出《阿毗曇心論》四卷與《三法度論》二卷，並作序提倡，開啟了江東地區毗曇學的先河。弟子法淨、法領等遠越蔥嶺，西行求經，遇佛陀耶舍、攜回方等新經二百餘部。迎請佛馱跋陀羅入廬山，譯出《修行方便禪經》二卷，傳出不淨觀、慈悲觀、因緣觀、數息觀和界分別觀的修行法門。祈請曇摩流支，將姚秦時弗若多羅譯傳未盡的說一切有部《十誦律》補譯完整，使之成為善本。

將鳩摩羅什法師之百卷《大智度論》加以刪節，成《大智論鈔》二十卷，並撰序文，便於後學。另外，大師根據與羅什法師的交流，著有《問大乘中深義十八科》並《羅什答》二卷，後改名為《大乘大義章》流通於世。這一切都是為了深化義理和實踐，促成未來大法之弘開。

（三）樹立佛法的正見：

為了建立社會大眾對佛法的正確見解，大師撰有專門探討輪迴報應的〈明報應論〉與〈三報論〉，提出神不滅論、善惡有報等觀點。

七十一歲時，大師針對晉室桓玄而撰有《沙門不敬王者論》五篇。七十六歲時，慧遠大師還寫〈沙門袒服論〉來釐清何鎮南將軍的觀念。大師以正見來護持佛法，也是為了促成佛法久住。

（四）培育僧才：

慧遠大師門下弟子眾多，有的義解深明，有的戒行清高，有的禪思深入，有的匡拯眾事，這便是菩薩因材施教的自然成果。

（五）作亂世中的明燈：

大師長年親睹戰亂之禍害與民生之疾苦，考慮如何使佛法利益一般大眾；知道此時般若等法門一時緩不濟急，唯有淨土法門可應此時之機，於六十九歲時見因緣成熟，乃引領大眾歸心西方淨土。此時，各方俊傑名士，如彭城劉遺民、雁門周續之、豫章雷次宗、新蔡畢穎之、南陽宗炳、張季碩等，都前來親近大師。

於是，與劉遺民等一百二十三人，在廬山般若臺精舍阿彌陀佛像前，建齋發誓：「眾等齊心潛修淨土法門，以期共生西方極樂世界」。集會前，大師於東林寺前鑿池種植白蓮，因而此集結稱為「結白蓮社」；大師遂成為廬山白蓮社創始者，後代尊為「蓮宗」或「淨土宗」初祖。西元四一六年，大師自知宿緣已盡，安然示寂於廬山東林寺，時年八十三。

以上扼要列出慧遠大師一生的菩薩志業，這些志業在大參法師所撰的《慧遠大師傳》記中，分成「示現」七章及「影響」部分給予詳盡完整的敘述。大師的德行，以及著書立說、弘傳聖教的一生，值得學佛者仔細研讀，瞭解菩薩行者之可貴處，並望有志傳揚佛法者，效法大師的精神，將全部身心奉獻於佛法事業，自利利他。

二〇二〇年七月十日序於內觀教育禪林

【編撰者序】

嘗讀遠公傳，永懷塵外蹤

二〇一八年年底，我剛結束兩年國外參學回臺灣不久，本欲暫時停留，再轉往泰國習禪。一個偶然的因緣，接獲慈濟賦予高僧傳系列—之「慧遠大師」傳記的寫作任務，倍覺感恩；迄今完稿，一年半的光陰，竟不覺飛逝而過。

中國淨土宗初祖廬山慧遠大師，是後趙國師佛圖澄座下最傑出弟子道安大師的高徒；道安被鳩摩羅什讚譽為「東方聖人」，其修為可見一斑。師徒三代都是中國早期最具影響力的高僧，故隋代天台智者大師曾云：「三德相承如日月星，真佛法梁棟，皆不可思議人也。」

因此，撰寫慧遠大師傳記，始終感到工程浩大與沉重，主因是：祖孫三代高僧都非常長壽，彼此生年都有交集，弘化足跡遍及中國南北，而且內修與外弘功績卓越、影響深遠，所涉及的時間長遠與史料龐大，可說是一部東晉與五胡十六國佛教的縮影。

本書的撰寫，以人物評論為主軸，有別於以往通俗傳記之處在於：以學術及僧家立場，考察慧遠出生前後一百五十年的歷史、人物、政治、戰爭、宗教與思想等，修正學界一些觀點，並對慧遠大師重要著作進行白話翻譯或解釋，使讀者容易進入慧遠大師的心靈世界。除參考正史、歷代高僧傳、佛典目錄、道安與慧遠多種論序讚銘及木村英一、劉貴傑、曹虹、李幸玲、鞏斌、蔣海怒、李勤合等學界前輩研究成果外，也引用近年來胡中才、溫金玉等教授田野調查的新發現寺跡及史料（詳見參考書目）。礙於本書篇幅與係屬通俗讀物之故，行文時不得不省略繁複的考證及出處註釋，敬請前輩學者與讀者見諒。至於筆者對佛圖澄與道安大師的一些心得，則於二〇一九年發表〈佛圖澄在敦煌等地的形象〉及〈道安與慧遠時代的大小並學〉二篇學術會議論文，本書只擷取些重點置入書中。

本書分為兩部分敘述。第一部分「示現」，擬引領讀者穿越時空隧道，身歷其境地感受五胡十六國爭霸中原的激戰；佛圖澄、道安法化各地的震撼；東晉名僧、高士的風流瀟灑與精湛思想。這些歷史背景，不論順境或逆境，都是孕育與激盪慧遠成為萬世師表的因緣。慧遠一生堅毅刻苦的求學、求道精神；一聞般若經，幡然棄經史的決心；大小並學、三學齊修的教觀雙美；大江南北建寺度眾的廣大悲心；儒釋道三教圓融的智慧方便；大無畏護佛法難的危機處理；轉益多師、虛懷若谷問道鳩摩羅什的態度；福慧雙修、導歸淨土的生死自在……在在都是世人學習與修道的典範。

第二部分為「影響」，首先介紹慧遠大師座下十七位傑出僧眾與五位高賢，其次介紹慧遠大師的重要著作。從中可見慧遠的廬山僧團對四眾教育，在繼承佛圖澄僧團、道安僧團謹嚴律行與般若學風下，有更精緻的儒佛並進、禪淨雙修與山水禪的教學發展，是中國早期寺學最成功的教育典範。

慧遠多元化與國際化的佛教教育，對中國隋唐宗派產生重大影響。慧遠是淨土宗祖師；東林寺是晉宋重要持律道場；慧遠深研般若、教觀並重及禪淨雙修，對天台、三論與禪宗有重大影響；弟子法領、法淨求回《華嚴經》，經佛馱跋陀羅譯出後，成為華嚴宗義理根本；請僧伽提婆翻譯毗曇與弘揚，造就毗曇宗的問世。中國宗派十宗中，除晚出經論的唯識宗與密宗外，幾乎都深受慧遠大師及座下弟子的影響。

尤其，慧遠大師會通儒釋道三教及結社念佛，而傳出「虎溪三笑」與「東林十八賢」等佳話，使得廬山與慧遠大師盛名遠播，歷代帝王與文人雅士爭相追慕賦詩讚銘，其中最膾炙人口的莫過於孟浩然的〈晚泊潯陽望廬山〉：

挂席幾千里，名山都未逢；泊舟潯陽郭，始見香爐峰。

嘗讀遠公傳，永懷塵外蹤；東林精舍近，日暮空聞鐘。

吟味詩意：哲人已委，讓人遺憾；詩人的輕舟卻能無遠弗屆，掠過青山綠水，來到東林寺領受遠公教導……這分奇妙的感動，彷彿超越千載的上師加持，也始終伴隨筆者走進慧遠大師的每個生命歷程，使我獲得無數教導與啟迪。

慚愧的是，筆者學力不逮大師千萬，所述大師生平與影響，恐有不足與錯誤，祈請學界前輩與讀者不吝慈悲指正。

二〇二〇年七月二十日完稿於新店觀音蘭若

致謝

本書能順利完成，首先須感恩新店已故高長春及王金枝老居士夫婦家族，高昆泉及呂餘壬居士夫婦，提供山居蘭若及種種外護。俗家陳氏及姻親家族、諸師道友、護法居士及鄰舍高氏家族的長期護持、照應，使我得以在仿若遠公「盧峰清淨，足以息心」的山林中，悠然讀史、研經、思惟、禪觀與寫作。

這期間，曾一度因病障而中斷，幸賴劉秉政與盧崇耀醫師的醫治而得持續。撰寫過程中亦遇儒學疑難，經朱建民教授提點而解惑。後又因回校兼課而耽誤進度，幾經出版單位一再寬延，本書終能順利誕生。

感恩慧謹法師引介筆者與慈濟結緣，因而得以撰寫遠公之傳記。恩師北京社科院退休張弓教授，始終鼓勵與指導筆者撰述本書。還須感恩多年的師長林崇安教授與高柏園教授慈悲賜序。

最後，感恩翁國超居士引薦佛畫家玉鼎老師，發心繪製兩幅遠公水墨畫像，使拙撰頓然增色生輝。

目錄

示現

影響

法師嗣沫流于江左，聞風而悅四海同歸，爾乃懷仁山林、隱居求志。於是眾僧雲集勤修淨行，同法飡（餐）風栖遲道門。

貳・慧遠的重要思想與著作

方外之賓，服膺妙法，洗心玄門，一詣之感，超登上位。如斯倫匹，宿殃雖積，功不在治，理自安消，非三報之所及。

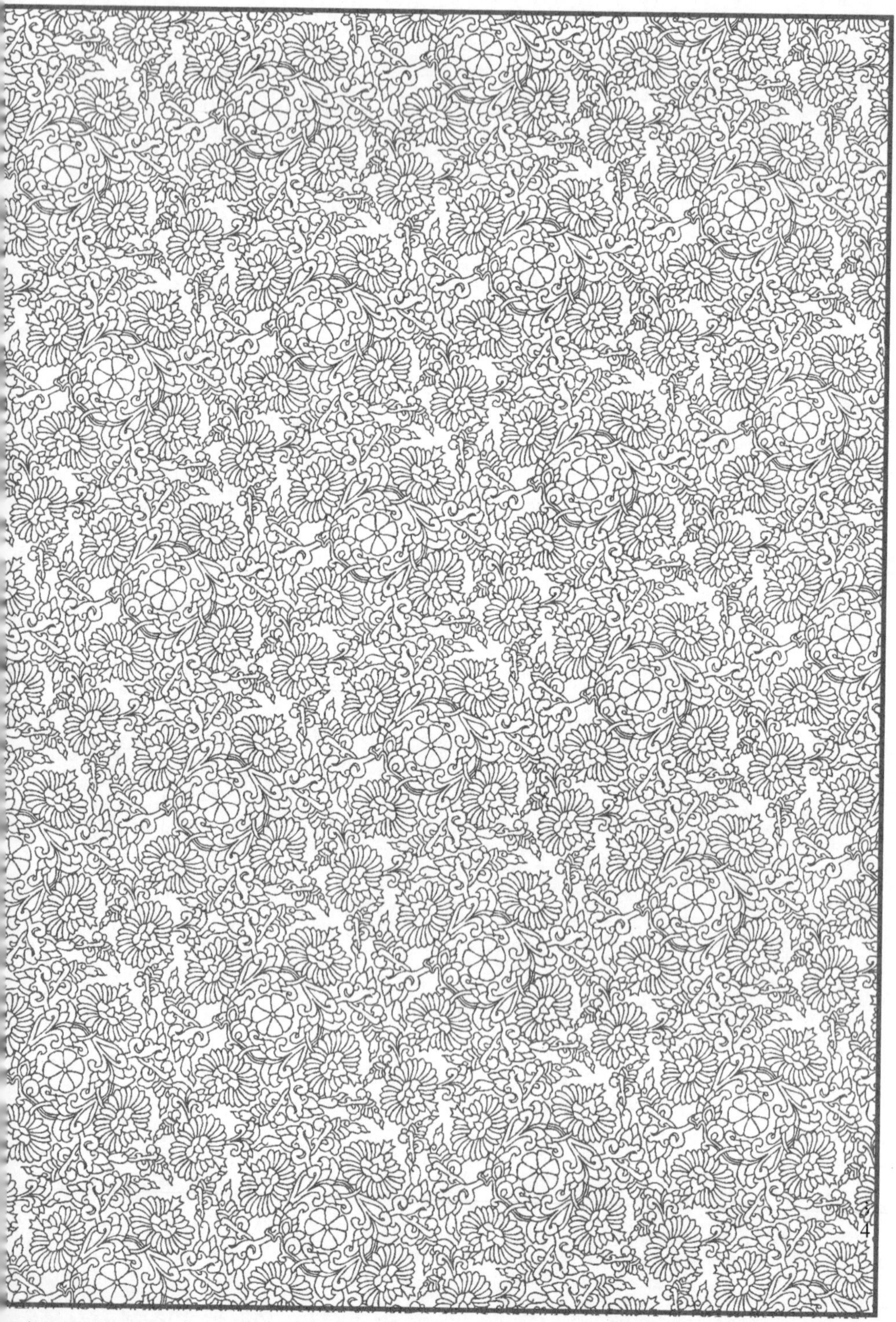

34

示現

慧遠祖師相

第一章　出生游學・千里尋師

弱而好書，琏璋秀發。……遊學許洛，故少為諸生，博綜六經，尤善莊老。……年二十一欲渡江東，就范宣子……共契嘉遁。

五胡亂華，干戈不息

中國歷史上的晉朝，上承三國，下啟五胡十六國和南北朝，是個多災多難、分崩離析與大開大闔的時代。

西元二六六年，司馬炎脅迫魏元帝禪讓，篡奪政權，建立晉朝，是為晉武帝。西晉末年政治腐敗，天象異常。永嘉四年（三一〇），幽、并等六州蝗蟲過境，穀物歉收，嚴重糧食不足，洛陽等地大鬧飢荒，盜賊四起，燒殺擄掠、販賣人口；加上瘟疫遍傳，導致屍骸遍地、人口驟減。不尋常的天災已經拉起亡國的預警！

然而，促使西晉亡國的主因，其實是「賈后亂政」與十六年的「八王之亂」；長期宮闈鬥爭及皇族骨肉相殘，導致國力內耗殆盡，胡族奴隸趁虛坐大，造成「五胡亂華」不可收拾的局面，引發永嘉之禍與建興之禍，北方頓時成了哀鴻遍野的殺戮戰場，放眼望去盡是「流尸滿河，白骨蔽野」。

五胡十六國異族政權中，北方最早立國的為匈奴劉淵的「漢」國——或稱後漢，到劉曜時改稱為「前趙」。永嘉五年（三一一），劉淵四子劉聰派王彌、劉曜、石勒進攻洛陽，四萬軍隊輕而易舉地攻陷仿若風中殘燭的京城。接著，這些蠻族就開始瘋狂殺戮，包括皇室及官兵、百姓等，多達三萬多人慘死；並且縱容部下擄掠，大肆發掘陵寢、焚毀宮殿，洛陽第一次慘遭外族滅頂。最後，懷帝被擄到平陽，像奴婢般備受凌辱，隔兩年被殺。這就是歷史上有名的「永嘉之禍」，留給世人無限唏噓！

建興四年（三一六），慧遠誕生的十八年前，劉曜攻陷長安，晉愍帝以最恥辱的方式「脫光上衣、兩手反綁、口銜玉璧、身坐羊車、運載棺木」出降；群臣看到皇帝以這樣卑屈的方式求和，不禁嚎啕大哭。西晉就在愍帝與百官的無奈悲嚎中亡國，國祚僅有五十一年。

西晉滅亡時，「洛京傾覆，中州士女，避亂江左者十六七。」家園破亂，流離失所，致使衣冠士族南渡，另立政權，史稱東晉。

可悲的是，被撕裂成南北兩地的中國卻一直處在動盪不安的戰爭中。後漢劉淵死後，劉聰繼位；後來劉曜殺劉聰，自立為帝，史稱前趙。劉曜改朝換代後，政局不穩，必須四處平亂，同時還要抵抗後趙石勒與之爭霸中原；而東晉則不斷發動北伐戰爭，企圖收復故土；石勒為了擴張領土，也派遣石虎屢屢攻打東晉。

從西晉開國到後趙滅亡，慧遠的家鄉并州始終是胡漢雜居及兵家必爭之地。前趙光初八年（三二五），慧遠出生的九年前，石勒派遣大將石佗，從雁門出上郡，攻打前趙安國將軍北羌王盆句除，俘虜人口三千餘落、牛馬羊百餘萬頭。劉曜聞訊後大怒，便親自率兵到渭水，同時派遣中山王劉岳追擊，將後趙搶奪的戰利品全部搶回，並斬殺後趙石佗及數千兵將。當前趙凱旋而歸時，留給并州的卻是邑野蕭條及驚恐無限……。

總之，慧遠的父祖輩經歷了整個西晉的衰落與亡國，也飽受五胡征戰與種種天災的肆虐；家族的莊園家產或親族，當然有所傷亡及損失。

石勒、石虎是後趙皇帝，也是史上著名的殺人魔王。石勒出生於上黨武鄉縣（山西榆社北），原是羯族部落酋長的兒子；因為生存困難，便與族人自販為耕奴；主人看他相貌不凡，便放他自由。

他與王陽等八人先當「騎盜」，四處燒殺搶奪，後來依附前趙劉淵，之後又成為前趙劉曜手下的將領，屯兵於葛陂（今河南新蔡縣北）；殺戮逞凶，道俗遇害甚多。

永嘉四年（三一〇），七十九歲的佛圖澄（二三二至三四八）來到洛陽，本來想在洛陽立寺，弘揚大法；誰料，次年便遇上「永嘉之亂」，立寺未果，乃潛澤草野，以觀世變。

據《高僧傳》載，佛圖澄是西域人，本姓帛氏，九歲在烏萇國（今巴基斯坦西北邊境省斯瓦特縣）出家，「清真務學，誦經數百萬言，善解文義。」其後又於罽賓（今之克什米爾），受誨名師。佛圖澄神通廣大，「善誦神呪，能役使鬼物；以麻油雜胭脂塗掌，千里外事皆徹見掌中，如對面焉，亦能令潔齋者見。又聽鈴音以言，事無不劾驗。」因此，西域人都認為他是一位得道高僧。

永嘉之亂時，佛圖澄從洛陽來到石勒的家鄉避難，並在太行山西麓的武鄉縣建立南山茅蓬寺，隱居兩年。佛圖澄為拯救生靈於塗炭，先投石勒手下郭黑略助之，引起石勒注意；後以神通攝化石勒、石虎奉佛，成為後趙國師。石勒登位，尊佛圖澄為「大和尚」及「國之神人」，有要事必諮澄，而後始行。石虎即位，更視佛圖澄為「國之大寶」，讓他「衣以綾錦，乘以雕輦」，參與朝政，同時規定皇家太子及百官每天上朝都要禮敬。誠如唐代道宣律師所說：「兩主奉之若神，百辟敬之如佛。」

在佛圖澄大行法化下，佛教得以空前發展；不僅立寺八百九十三所，「中州胡晉，略皆奉佛」，僧徒萬人，門下高僧輩出。其中，最傑出的弟子為道安，道安就是後來慧遠依止出家的師父。

石虎（二九五至三四九）字季龍，從小是孤兒，被石勒的母親養大。在他六七歲時，有相命的人曾說「此兒貌奇有壯骨，貴不可言。」但石虎自幼性情殘忍，好馳獵，遊蕩無度，還經常忌妒謀殺比他強的兵將。石勒無法縱容他胡作非為，本想處死石虎；但因其母不捨，並勸說：石虎如小牛般，雖力大橫闖，長大後善加導御，便可成大事。石虎長大後，果然成為一名「弓馬便捷，勇猛冠當時」的大將，又因屢屢建功，故深得石勒寵信；然而，卻也更加霸道橫行、無法無天。

西元三一九年，石勒稱王，封兒子石弘為太子、大單于；也沒有虧待石虎，封石虎為太尉、守尚書令進封中山王，食邑萬戶，石虎卻非常不滿。他認為，自從後趙建國襄國以來，石勒的兒子都是坐享其成，整個大趙江山都是靠他身擋箭石、衝鋒陷陣，攻克十三州才成；按軍功來論，大單于及王位應是非他莫屬。每思及此，石虎總是憤恨不平、輾轉難眠，於是他發下毒誓：「待主上（石勒）晏駕之後，不足復留種也。」

當石勒病危時，石勒的母舅宰相程遐等人都非常憂心，便勸石勒殺掉石虎；石勒卻反譏程遐是擔心自己的權勢被石虎分散，認為天下尚未平定、不宜誅殺功臣，程遐只能向大臣徐光訴苦。石虎知道此事後懷恨在心，便精選數十勇兵偽裝成強盜，半夜闖程府，痛毆程遐、淫其妻女，掠奪所有財寶而去。

後趙立國實施「貴胡賤漢」及「嚴禁私論偶語」政策：漢人不准批評胡羯，並且公然允許羯胡搶劫漢人；所以，當石勒知道程遐的遭遇後，也沒有懲罰石虎，只是把石虎派去攻打前趙皇帝劉曜。這就是漢人在後趙任官的寫照，既無尊嚴也無法針砭時政；而且，奴僕及下官還可以舉發主人及上級官員，人與人間的信任感徹底崩潰，隨時都可能惹來殺身之禍。

石勒死後，石勒之子石弘繼位。石虎不久後便恩將仇報，將石勒整個皇室及程遐、徐光等大臣徹底鏟除。

石虎當政十三年間，統治了北方大半江山，包含現今之河北、山西、陝西、河南、山東及江蘇、安徽、甘肅、遼寧等地區。他執政時繁興賦役，罪狀罄竹難書，名列歷朝暴君前三名。

如果可以選擇的話，沒有人會願意出生在這樣的世代；但是，慧遠偏偏就是生不逢時，恰恰就誕生在暴君石虎的統治下！

出生雁門，冠族門第

五胡亂華的前半局，是後趙石勒統治北方中原地區。後趙皇帝石勒因為以張賓為宰相及得到佛圖澄大師的輔佐，使政治社會呈現一時的清平；但是，慧遠卻沒趕上這曇花一現的盛世，他注定要與蒼生一同經歷石虎苛政的苦難。

西元三三三年七月，慧遠出生的前一年，石勒病逝。石勒太子石弘繼位，他是個虛襟愛士、仁孝溫恭的文人雅士，比起凶狠的石虎，簡直是隻柔順的小綿羊。石弘深知不敵石虎淫威，便在石勒死後，馬上提出將皇位禪讓給石虎，石虎卻故作謙虛而不受。八月，石弘為了安撫石虎，只好封他為丞相、魏王、大單于；這時，石虎大權在握，準備篡位。

次年十一月，石虎已經迫不及待要稱王了，石弘再次要禪讓皇位給石虎；但是，在石虎的觀念中，依照羯人的傳統，兄死王位理應傳弟，他根本不需要以中國那套假惺惺的禪讓掩飾自己的欲望，便以最粗暴及赤裸的方式奪取。石虎先是廢掉石弘，接著乾脆殺盡石勒全族及其親信大臣；於是，二十二歲的石弘及皇族大臣都成了刀下冤魂。石虎僭稱「居攝趙天王」，直控政權。

石弘仍在位的延熙元年（三三四），後趙正處於黑暗的政治風暴中，頓時天光乍現，某一天，雁門郡樓煩城（今山西省原平市大芳鄉茹岳村）的一戶賈姓人家，誕生了一個男孩。他就是中國淨土宗初祖——廬山慧遠大師，後人尊稱他為遠公、雁門僧及樓煩大士等名。

隔了三年，慧遠的母親又生了一個男嬰，就是後來與慧遠形影不離的弟弟慧持。

雁門郡，因雁門關與雁門山得名。而「樓煩」這個名稱，最早與春秋時代北狄人在山西西北建立樓煩古國有關。據傳樓煩兵將非常強悍，善於騎射，後來被戰國趙武靈王所滅，從此便以郡縣等地名在歷史中延續。

總之，不論是雁門或樓煩，在晉、唐都具有強烈的塞北邊防、野山孤寒及兵馬征戰的粗獷風格。

建武元年（三三五），慧遠二歲時，石虎將都城從襄國（今河北南部刑台西南）遷到鄴城（今河南安陽北至河北臨漳南），正式稱帝，改元建武，大封百官，行皇帝事。這一年，慧遠的家鄉等地遭受嚴重蝗災，密密麻麻的蝗蟲如大軍過境，使作物千瘡百孔、民不聊生，似乎預告石虎統治將是大難臨頭了！

慧遠的童年時期，雖然政治黑暗並時有天災；但幸運的是，他出生在一個

「世為冠族」的家庭中。據學者研究，雁門的賈家沒有顯赫官職可考，比不上太原賈氏門望高峻，卻也是個典型的書香富貴門第。這個得天獨厚的條件，讓慧遠與慧持能在琅琅讀書聲中，度過充實的童年。

自幼喜讀詩書的慧遠，性格風采灑落，彷彿人中瑰寶。他的姑姑也是聰慧靈敏的大家閨秀，嫁給潯陽令解直；丈夫過世後出家為尼，法名道儀。在重視門第的魏晉南北朝，賈家的嫁娶講求門當戶對，對子弟的栽培也是合乎魏晉風流的士族規格。

賈氏一門後來三子出家，慧遠、慧持與姑姑道儀，都是名列僧傳的高僧與高尼，各有風德足以垂範世人。他們對義解的深入，則可歸功於出身士族門第，自幼便在書香禮儀的薰陶中成長。

許多高僧出生時都有許多靈顯事蹟，以徵其出生不凡，慧遠也不例外。《山西通志》引蘇潛甫〈西遊日記〉言，據閻大參說，慧遠出生時，家中的一口井忽然生出一朵金色靈芝，井水忽然變得異常甘美，有病的人喝了居然不藥而癒。但是，自從慧遠去廬山後，這口井雖然還在，但味道不再甘美，也無法治病了。

由於這個傳說及鄉民懷念慧遠，人們就在家鄉蓋了一座聖井院，以紀念慧遠的誕生。時間一久，後人逐漸忘了建寺的緣起，便將聖井院改名為樓煩寺，位於現今原平縣城北的茹岳村東邊，如今隸屬五臺山碧山寺下院。

慧遠出生時的「井生靈芝」與「水甘治病」傳說，如同該寺建於何時皆不可考；但可以確定的是，後趙黑暗政權下誕生的慧遠，在人們心中彷佛耀眼的靈芝，能療癒眾生的生老病死等苦痛。

這一口井，至今仍保存於樓煩寺內，並建有小屋保護；除了說明遠公在廬山的證道與弘道，讓千年來的親里故族永懷不忘，也代表渴望「長飲遠公甘露，共生極樂蓮邦」的修行期許。

游學許洛，博綜六經

慧遠家鄉雁門雖地處西北疆，卻也不乏儒家經學傳統；例如，前、後趙時期最負盛名的范隆就是當地大儒。不過，偏遠山區零星菁英的知識傳承，怎麼也無法媲美許昌洛陽學海，那氣勢磅礡的文風與多元深遠的師承傳統。基於這樣的理由，士族大家便爭相遣送子弟前往都邑求學。

大約在慧遠十二、三歲時，慧遠的舅舅令狐氏帶著他及弟弟慧持，從雁門翻山越嶺，南下許昌、洛陽游學九年。慧遠的求學過程，倒是跟他之後的出家師父道安雷同，都仰賴舅舅的照料。在重男輕女的時代，出嫁女子的後嗣還能得到娘家兄長長期照顧，只有兩種可能：一是慧遠家道雄厚，由父母資助委託外兄；二是慧遠家庭或遭變故，因娘家後盾堅實，而負起扶養與教育的責任。道安屬於後者，慧遠的情況卻是模糊的。

無論如何，慧遠的狀況說明了父母親家族都屬於中國傳統儒學世家，不惜讓年少子弟離鄉背井，前往都邑拜師學經；這是從東漢以來士族教育子弟的風氣，無非就是為了實踐儒者「經世致用」及「匡濟天下」的道統。

司馬遷《史記》說：「昔三代之居，皆在河洛之間。」一語道盡河南洛陽一代的人文風土，慧遠游學許洛時正是接受華夏文明的滋養。

魏晉南北朝是門閥士族掌握知識與政治的時期，帝王皆認為儒家思想有助鞏固政權，故施政皆以弘揚儒學為要務。洛陽是東漢、曹魏與西晉三朝的首都，三代都在此設置太學，禮請耆德碩儒講授傳統儒家經典。這裡有東漢鄭玄久居洛陽時的經學餘韻，有「建安七子」（東漢末年漢獻帝建安年間的七位文學家：孔融、陳琳、阮瑀、徐幹、王粲、應瑒、劉楨）、「竹林七賢」（魏末晉初的七位名士：山濤、阮籍、劉伶、嵇康、向秀、阮咸、王戎）等著名文人的吟詠依稀；更有左思《三都賦》頃出時「洛陽紙貴」的傳奇。而許昌地勢上近鄰洛陽，為其東南門戶，曹丕將許昌定為「魏之五都」，漢魏以來以多奇士豪強與官宦士族聞名，尤其潁川各大家族儒風鼎盛，私學與游學風氣發達。

因此，從東漢以來官宦世家、寒門士子、甚至少數民族子弟，雲集洛陽求學，成了仕宦養成的門徑，匈奴漢趙的開國主劉淵便是一例。

劉淵字幼習儒學，久居洛陽當人質並勤習《毛詩》、《春秋左氏傳》、《史記》及《漢書》等；又輕財好施，結交諸王、宰輔及名士，而以文武兼備奠定他雄霸一方的基礎。

西晉滅亡後，匈奴漢趙、前趙及羯胡後趙相繼入主中原，也紛紛仿效中國歷朝立太學等官學、興儒教，作為治國手段；前者是漢化的匈奴貴族，歷朝幾位皇帝都有高度文化造詣。據《晉書》記載，前趙昭文帝劉曜在都城長安設太學和小學傳授儒家經史，招募全國年齡在十三至二十五歲的一般百姓入學，學子超過一千五百人。由於劉曜能在亂世大興文治，故死後謚號「昭文」。

慧遠出生前後，洛陽、許昌等地都屬後趙統轄。相對於漢趙及前趙，後趙皇帝文化低落，石勒與石虎都是目不識丁的武將。但是，石勒好學且敬重賢能，他在張賓等漢族儒生的輔佐下，也是大興學校、儒學，頗具氣象；又命王波典定九流，始立秀才、孝廉試經之制，並下令胡族不准侮辱「衣冠華族」，因此得以招納許多殘留北方的士族輔政。

西元三三〇年，石勒稱帝定都襄陽，以洛陽為南都。他首先在襄陽設立太學，選拔明經善書的大儒教授將佐子弟三百人。後來又在襄陽四門分科設立宣文、宣教、崇儒、崇訓等十九所小學，採取非常先進的多元入學政策；又在各郡設立國家官學，須經過三次嚴格入學考，畢業成績優異者，可被推薦到地方或中央，破格擔任官員。

石勒好學而興學，是理所當然。但是，以貪淫暴虐著稱的石虎，居然也「頗慕經學」；在石虎執政期的十三年間，他積極效法石勒暢興儒學。他推動了太學，諸郡設立「國立五經博士」及「國子博士、助教」等政令。這些教育政策，都使北方六藝傳經不斷，亂世中士族或寒門子弟，依舊能兼備《詩》、《書》、《禮》、《樂》、《易》、《春秋》等傳統文化修養。慧遠的幼年與青少年學問的養成，就是在這個大環境下造就的。

從永嘉之亂到石勒稱帝這段期間，洛陽被劉曜跟石勒兩個陣營摧毀得殘破不堪。石勒獲取洛陽後曾三次役使數十萬人修葺洛陽，洛陽等地因而得以從傾圮重返繁華，似乎準備迎接慧遠的到來。

許洛一帶同時是佛教、儒家及玄學的發源地；中國佛教第一座寺院白馬寺，仍有高僧攝摩騰與竺法蘭遺留的古風；魏晉玄學最初是為了表達對政治黑暗的抗議，有何晏、王弼提出「名教本於自然」，「竹林七賢」之阮籍、嵇康等人主張的「越名教而任自然」。這種新潮流的政治思想，主張以道家的「自然無為」為本、儒家的「名教」為末，最後發展為魏晉名流最喜愛的清談。由於魏晉經學思想自由，加上許洛一帶師承派系眾多，傳經者大多不諱守家學派系之言，故許洛的學風呈現「博採眾說」的特色。

慧遠從十二、三歲到二十一歲時（三四五至三五四），經過九年孜孜不倦的學習，使慧遠成為一個「性度弘博，風鑑朗拔」的翩翩少年；他繼承了許洛「博綜六經，尤善《莊》、《老》」的學風，許洛的宿儒英達也非常讚賞他深邃與洞澈的思想。這段學問的積累，成為他日後深研佛典、會通儒釋道三教講述般若，以及為了護佛法難，引經據典撰文對抗權貴的堅實根柢。

慧遠在許洛不僅遍訪名師，求經學禮，也結交不少高門士族後代；例如，當時後趙大儒盧諶的孫子盧嘏，就是慧遠求學時的同窗知己。由於這段因緣，導致盧嘏之子盧循後來上廬山訪慧遠的風波。（詳見本書第五章）慧遠晚年曾對弟子張野回顧這段求學時光，他說：「每尋昔疇，游心世典，以為當年之華苑也。」慧遠當時以為這是他生命最終的寄託，可以實踐從儒濟世的心願。

但是，慧遠的夢想很快就破滅了。

後趙皇帝石虎可以說是中國名列前茅的暴君，據《晉書・石虎傳》：「假豹姿於羊質，騁梟心於狼性。」石虎從政十三年，在佛圖澄的感化下，減輕不少濫殺無辜的罪業；但是，一般民眾並不曾感受佛圖澄對他們的恩德。多數人是敬畏佛圖澄的神通，而不明白佛圖澄也是一位戒行清高而且精通義理的高僧。

慧遠求學時，當然亦耳聞佛圖澄大名；但是，他看到石虎與隆三寶，只為消災求福，貪瞋癡三毒仍猛烈熾盛，也不禁對佛圖澄打上問號，並且重新審視自己是否該服膺石虎的統治。

石虎在時人心中的罪狀，主要有六點：

（一）屠城殺戮，幾盡廢墟：石虎每攻下一座城池，必殺戮官員與百姓，多則十多萬被坑殺，少則數萬死於非命。

（二）大興繇役，繁苛賦稅：石虎經常發動戰爭，大興各種繇役，勞民傷財；每次戰役百姓須自備米絹、戰馬等軍需，窮人家販賣子女也無法供需，紛紛在路樹上吊自殺。

為了過皇帝的癮，石虎在鄴城、長安、洛陽廣造宮殿，動輒十幾至數十萬人。建武十三年（三四七）八月，石虎又聽信偽濫僧吳進的預言，說胡人氣數將盡、晉人氣數將興，須以苦役壓制晉人運數。因此，石虎強征鄴城附近各郡男女十六萬多人，運土到鄴城北隅築華林苑及數十里長牆，並使眾人秉燭夜作，役伕率多凍死與累死。一日忽遇狂風暴雨，漳水氾濫，淹死數萬人。

（三）荒淫游獵，強奪美女：石虎擔心宦官亂政，強征年輕女子三萬餘人為「女官」，充實后宮及管理行宮。強奪貌美有夫之婦九千多人充數，很多丈夫抵死不從而遭殺害，三千多女子不願受辱而自殺。

（四）貪財盜墓，挖掘陵寢：石虎貪財無厭，挖掘盜取國內有名的秦始皇等墓冢，盡取亡者陪葬寶物。

（五）寵愛妖姬，毆殺二妻：石虎寵幸出身低微的雜技名角鄭櫻桃，聽信鄭櫻桃讒言，當場打死髮妻郭氏，後來又殺妃子崔氏。鄭櫻桃便成為後趙皇后。

（六）虎毒食子，骨肉相殘：石虎天性瞋恚難抑，往往一怒之下，殺人發洩，連自己的兒子都難逃魔掌。

石虎的太子石邃屢建功勳，深得石虎寵愛；但石邃荒酒淫色，驕恣無道，淫人妻妾，令人髮指，比石虎有過之而不及。石虎因常聽人狀告太子不良行徑，一不耐煩便鞭打太子，導致父子關係由愛生恨。西元三三七年七月（慧遠四歲），石邃因長期不滿石虎，企圖弒父奪位；被石虎發現後，石虎盡殺石邃全家二十六人，同葬一口棺材中，又殺太子近臣二百多人，廢其母皇后鄭櫻桃為東海太妃。

石邃死後，石虎立次子石宣當太子；石虎卻因寵愛石韜，導致兄弟明爭暗鬥。石宣也是個荒淫無度的敗類，他遊獵之地，如蝗蟲過境，州縣珍奇美女掠奪一空。建武十三年八月（三四八年），石宣便派人到佛寺暗殺石韜，並密謀在石虎弔唁時弒父。

五十四歲的石虎聽到愛子慘死時，悲痛欲絕，竟昏厥過去。後來，石虎得知是石宣的陰謀後，便將其囚禁並加以凌虐；石宣痛苦哀嚎，慘叫聲震動了整個宮殿。佛圖澄聞訊，連忙勸諫石虎說：「陛下若慈恕此罪，國祚可以延長六十年；如果虐殺石宣，石宣的冤魂將會化成慧星，下掃鄴宮。」向來奉佛圖澄如神的石虎，卻怎麼也聽不進去。

石虎憤恨難消，又命人將石宣施以斷手足、割舌等酷刑，最後命人架起薪材，看著石宣活活被燒死。石宣的屍骸化成灰燼後，石虎又命人將他的骨灰遍灑要道，任由人馬踐踏，並殺盡石宣妻兒二十九人。

他沒想到的是，石宣的小兒子才幾歲大，是石虎最寵的孫子，石虎捨不得殺而緊抱懷裡；但是，自己下的軍令不可違，大臣強奪小孩處死，在場的人看了都悲痛流淚。石虎不禁對群臣說：「我的肚子太髒了，才會生出這樣的逆子，我要吃下三十斗石灰來洗淨我的肚子。」石虎從此重病不起。

錢穆先生看到後趙這段歷史，在《國史大綱》也曾感慨說：

蓋淺化之民，性情暴戾，處粗野之生活中，尚堪放任自適。一旦處複雜之人事，當柔靡之奉養，轉使野性無所發抒，沖蕩潰決，如得狂疫。

建武十三年（三四八年），石宣死的同年，石虎後來就立僅僅十歲的小兒石世為太子，他說：「我再也不用擔心兒子會殺父親，因為現在當石世才十歲，當他二十歲時，我已經老了可以退位了。」次年，太寧元年（三四九年）二月四日，石虎正式稱帝，並改元太寧。

然而，同年五月二十六日，石虎卻因先前骨肉相殘，悔恨交加，身心重挫，大病不癒而死。這個獨霸中原的一代梟雄，只活到五十四歲、在位十五年，但真正稱帝只有三個多月。石虎過世後，後趙的氣勢已盡，在內亂中迅速被趕下歷史舞臺。

棄儒學道，心慕范宣

石虎殺石宣那年，十五歲的慧遠正好在許洛求學，皇家傳出這些駭人聽聞的消息，慧遠內心必然感到無比震驚；尤其，看到那不知情的車馬踐踏著石宣的骨灰，更讓他內心沉痛無言！此時，誰都能感受到，繁華的古都已經沒有前幾年平靜了。

據《晉書》載，慧遠十二歲剛到洛陽那年，石虎強奪天下美女及人妻，元老大臣逯明因為看不過去，斗膽向石虎諫言，卻因此被打斷肋骨而死。從此，

「公卿已下，朝會以目，吉凶之問，自此而絕。」後趙朝野官員為求自保，莫不噤若寒蟬！

儒家的五倫主張各安其名分，要求讀書人謹守君臣之禮，實踐修身、齊家、治國、平天下的理想；然而，現在是「君不君、臣不臣、父不父、子不子」，苛政猛於虎、甚於禽獸不如的朝代。這是自己應該服膺的君主政權嗎？從小到大，他聽盡、看盡，也親身感受到胡羯的「倒行逆施」，觸目所及更是「蒼生凋敝」、百姓「求助無門」，這是自己終身不悔的抉擇嗎？

當慧遠接觸到《老子》與《莊子》豁達逍遙的人生哲學時，他醉心鑽研品味箇中意趣，不禁深深慨歎：儒家的「名教是應變之虛談」！他並不願意像程遐、徐光、盧諶及逯明那些世家大儒，不但無法實踐儒者的抱負，就連一點士大夫匡輔時政的尊嚴都沒有，只能被欺壓在胡羯籬下，賴官苟活！

太寧元年（三四九年）五月石虎死，這年慧遠十六歲，他在許洛又再次聽到石家皇室骨肉，輪流上演一幕幕廝殺的悲劇……

石虎死後，十歲的小皇帝石世登位，由母后劉太后及張豺把政。不料，三十三天後，鄭櫻桃的另一個兒子石遵，竟滅殺石世全族，繼皇帝位，鄭櫻桃再度得勢，被尊為皇太后。

這時，佛圖澄已經過世五個多月，他座下最傑出的弟子道安成為僧團領袖。後趙皇帝石遵非常敬重道安，並希望他像佛圖澄一樣輔政，因此派中使竺昌蒲迎請道安入住華林園，並為眾僧廣修房舍。這個曾經歷死枯骨數萬的園林，道安著實不願也不忍入住；他本來要率眾離開鄴城，但考慮到大眾慧命，只好入住。

該年（三四九年）十一月，宮廷又瀰漫詭譎的氣氛；石鑒滅殺石遵及鄭櫻桃黨羽，自立為帝，石遵在位僅一百八十三天。道安這時預感到「國運將危」，於是向西往牽口山避難，龐大的僧團大眾隨之鳥獸散，各自覓地修行。

石虎諸子相互殘殺，導致王朝動盪，社會民心不安，最後是石虎的養孫石閔坐收漁翁之利。永寧元年閏月（三五〇），正是慧遠十七歲時，石閔殺了皇帝石鑒，並盡滅石氏家族、殺石虎二十八孫。石閔恢復漢姓為冉閔，自稱為天王，立國號魏。石鑒弟弟石祇還想力挽狂瀾，逃奔襄國繼位，但在永寧二年四月（三五一年）最終為冉閔所滅。後趙徹底亡國，歷七代皇帝，國祚僅有三十二年。

十八歲的慧遠面對後趙的亡國，內心充滿無限矛盾與悲哀，不知道要哭還是笑。慧遠兄弟其實早有隱居之志；此時更讓他們想早點離這個傷痛的北地。他們決定要南渡，跟隨隱士大儒范宣「共契嘉遁」。

古人拜師學藝，重視的不僅是知識的傳遞，更重要的是在耳濡目染中薰習師者的人格典範。西晉東海王越在鎮守許昌時，曾告誡其子司馬毗說：

> 夫學之所益者淺，體之所安者深。閑習禮度，不如式瞻儀形；諷味遺言，不若親承音旨。王參軍人倫之表，汝其師之。

這就是慧遠兄弟不遠千里尋師的目的。

東漢魏晉以來，由於政治社會動盪，士人或為避難、或為守節、或為全志，而隱居山林田畝間耕讀，導致東晉隱逸之風盛行不墜。但是，慧遠所仰慕的范宣，與殷浩、謝安等棲隱豪宅別墅、成天清談吟詩的風流士族，截然不同。

范宣，字宣子，陳留人（今河南陳留東北）。他生性至孝，一身傲骨，不染塵氛，是江左第一位獻身私塾興學的大儒。他嚴謹認真的生命特質與博綜融通的治學風格，與慧遠有著神似的冥契。范宣聲譽遠播，時人最為稱道有四點：

（一）耕讀侍親，孝廉簡樸：范宣家境貧寒，少時隱居躬耕，奉養父母。雙親過世後，無錢安葬父母，便負土築墳，結廬在旁，守喪盡孝三年。范宣的孝行，皆出自天性，不為求名求官，與偽孝以求官之徒迥然不同。

此外，范宣為人清廉，生活清貧。例如，太守殷羨看到他茅屋破陋，要幫助他營建新屋，卻辭而不受。

（二）博綜群書，尤善三禮：范宣自幼聰穎超群，十歲便熟讀《詩經》、《尚書》。好學不倦，夜以繼日苦讀，故能博綜眾書，尤善《三禮》。范宣雖以傳統儒者自居，對老莊典籍卻也十分嫻熟；他對於玄學流於「浮華清談」感到痛心疾首，甚至嚴厲斥責「裸裎露鄙」的江左八達（謝鯤及桓溫父親桓彝等八位名士，自命繼承竹林七賢，成天高談闊論，行為放蕩怪異），認為他們過度放浪形骸有損世道人心。

（三）正志抗俗，拒不出仕：范宣美名遠播，贏得廣泛朝野士庶的尊敬，朝廷多次徵聘，皆不出仕。

（四）弘風闡教，大興儒學：范宣畢生以「傳道、授業、解惑」的人師自許，他在家中開設私塾，廣納學生，頗有孔子「循循然善誘人，博我以文，約我以禮」的風範，致使四方貴族寒門子弟，聞風宗仰，一時儒學大興，座下弟子人才輩出。例如，東晉畫家戴逵，就是范宣高徒及姪女婿；他後來曾寫信給慧遠質疑因果業報（參見「影響」部分）。

范宣以個人之力，首開東晉江左經學之風；春風化雨，誨人不倦，五十四歲與世長辭。東晉孝武帝太元中，范寧任豫章太守，博通儒學的他在郡設立鄉校，常有弟子數百人。從此，江州兩地的士人，並好儒學，都是仰賴二范的功德。

范宣就是慧遠與慧持，渴望多年想追隨的心靈導師！每當慧遠與慧持開始盤算南渡路線與計畫，都讓兄弟倆振奮不已；想像自己可以跟范宣子一起隱居耕讀，更是心曠神怡。

但是，兄弟倆隱遁江東的美夢，很快就被一連串無情的戰火徹底粉碎。因為，自從後趙滅亡後，冉魏、前燕、前秦幾乎同步掀起各種戰役，東晉也想趁機收復故土，殷浩及桓溫都曾數度帶領大軍北伐；於是，四方戰火蜂起、盜賊橫行，南下江東之路受阻。

冉閔之亂，歷時兩年多，史載「無月不戰，互為相攻」，發生在慧遠十七歲到十九歲時，慧遠親身感受到這場災難在中國北方造成的大混亂。

冉閔奪取政權後，掀起民族仇恨，頒布可怕的「殺胡令」，宣布漢人斬胡人首級便能加官晉爵；一日之中，許多高鼻梁、蓄鬍子、貌似胡人相貌的人，也不分青紅皂白地被無辜濫殺。據統計，冉閔共滅盡三十多萬人羯族，以及匈奴為主的胡兵三十多萬人。數百多萬的胡人為了逃避這種瘋狂大屠殺，紛紛逃回本國，能逃回的卻只有十分之二三，其餘不是在半路相互踐踏而死，就是互相殺掠，或因饑疫而亡。雖然胡人從此退出中原，中原也因長年征戰而大鬧饑荒疾疫，良田殆盡，不復生產。

這時，前燕、前秦趁機崛起；東晉更積極北伐企圖收復故土。晉穆帝下詔准奏殷浩北伐，往許昌洛陽一帶進軍，並派安西將軍謝尚及北中郎將荀羨為督統，進駐壽春。

永和八年（三五二）慧遠十九歲時，冉閔兵敗，為前燕慕容儁所殺，前燕攻陷鄴城。據《晉書》載，因城中無糧，「鄴中饑，人相食，季龍（石虎）時宮嬪，被食略盡。」人吃人的悲劇結束後，北方又陷入一片政權爭戰的混亂中。

從慧遠十八歲開始，襄陽的戰火已經延燒到許昌跟洛陽了，許洛古都淪為冉魏、東晉、前秦爭奪的戰場；慧遠再也無法繼續求學，曾經冠蓋雲集於許洛的大儒與士子，盡皆遺散各處避難，慧遠很可能也是在這時離開許洛。但是，現存史料不足，沒有交代往後的三年，慧遠是留在許洛？回到故鄉雁門樓煩？或者去了哪裡？

這些殘酷政治及民族矛盾激起的大屠殺，是歷史的悲劇、更是時人的心靈創傷。從慧遠十八歲到二十一歲時，他腦海中依舊揮不去這些巨大的悲慟；他深刻地覺察到，自己多年窮經的「修齊治平」之道，不但無濟於蒼生，甚至於無法使自己內心平靜。早在後趙統治時他已無意仕途，如今更不可能在鮮卑前燕政權下，像哈巴狗一般卑躬屈膝！

慧遠與弟弟慧持這對患難兄弟，站在苦難的關隘上，面臨人生的十字路口；每個抉擇似乎都充滿無數的不確定與不安，他們不知生命何去何從？

第二章　出家修行・三學兼備

後聞安講般若經，豁然而悟。乃歎曰：儒道九流皆糠粃耳。便與弟慧持，投簪落彩，委命受業。

道安座下，精勤苦學

在西晉搖搖欲墜時，河北衡水冀州市小寨鄉的扶柳村，正悄悄醞釀著一位「東方聖人」的誕生。現今冀州城古排樓下，高懸著一塊「古城冀州——釋道安故里」匾額，正是為了紀念「中國史上第一完人」道安大師的降生。

道安俗姓魏姓（古稱衛），生於西晉永嘉六年（三一二），安平扶柳的一個望族世家，七十四歲時於前秦建元二十一年（三八五）二月八日齋畢，無疾而卒。道安出生時正值永嘉之亂，皇綱紐絕；父親很可能被劉曜軍隊擄殺，母親孔氏不久後也病逝，道安成了亂世孤兒。五歲時，西晉滅亡；從此，他成長的河北以及其他地方，如山東、山西、陝西、寧夏、甘肅等地，皆為五胡十六國（三〇四至四三九）所統治。

幸運的是，道安母親出生於一個「家世英儒」的家庭；據考證，還是孔子後代的大家閨秀。漢代時，孔郁曾擔任冀州刺史，其子孔揚後來被封為下博亭侯；此後，子孫世代居住在冀州北四十多里的下博村，距離道安的家鄉僅三十里路。年僅四歲的道安，因為早失覆蔭，被孔氏表兄帶回下博村教養，奠立了深厚的儒家經學底蘊。

道安從小就是個天才兒童。他七歲讀書，再覽能誦，鄉鄰莫不感到詫異；之後更通曉詩、書、禮、易、春秋等五經文義，或須歸功於孔氏家學淵源，以及表兄給予的優質培育。

道安博覽群書，多少也涉獵佛教典籍；因自幼喪失雙親，頗能感受佛教生死無常及愛別離苦的道理。於是，道安在十二歲時便萌生出世之志，在冀州受都寺出家。

十二歲的道安，卻已內蘊「神智聰敏」的宿慧；但因他外貌醜陋，而不被師父看重，甚至被師父驅趕到田裡做活三年。道安不同凡響，天生具有求道的弟子相，二話不說，每天在田裡「執勤就勞，曾無怨色；篤性精進，齋戒無闕」，為後人示範了「法門龍象」的氣度。

三年後，十五歲的道安求知若渴，忍不住向師父乞求讀經；師父給他一卷五千字的《辯意長者子所問經》，道安便利用耕田之餘，享受讀經的快樂。第二天，他又請求師父給予新經，師父發現他都能暗記在心，又給他一萬字左右的《成具光明經》，隔天依然是倒背如流。道安過目不忘的超人記憶，讓師父驚訝不已，從此才對他另眼相看。

道安受戒後，其師認為已經無法教導這個曠世奇才，便允許他外出自由參學。

東晉成帝咸和九年（三三四）後趙皇帝石勒死後不久，石虎廢石勒之子弘自立，稱居攝趙天王。次年，石虎遷都鄴城（今河北臨漳），尊禮一百零五歲的佛圖澄為國師。石虎奉佛圖澄如神，為佛圖澄建「中寺」；因寺在城的中心，故又稱鄴中寺、中寺或鄴宮寺。

據《高僧傳》載，佛圖澄：

> 身長八尺風姿詳雅，妙解深經傍通世論，講說之日止標宗致，使始末文言昭然可了。……棄家入道一百九年，酒不逾齒，過中不食；非戒不履，無欲無求。

一代「聖師」佛圖澄，行解相應、戒定慧三學圓滿，故深獲中原與西域僧俗敬重。一時四方英秀蜂擁而至，如道安、曇徽、竺法雅等跨越關河，依止學法；印度康居國的佛調、須菩提等數十位僧人，也不遠涉足流沙萬里前來受教。

西元三三五年，二十四歲的道安與徒弟曇徽，輾轉千里，來到鄴城中寺。當澄公第一眼看到道安時，便知道他是人中法器，與高采烈地跟他談了一整天；眾僧們都感到非常疑惑，還有人見他其貌不揚，心生輕慢。佛圖澄便告訴這些人：「此人遠識，非爾儔也。」從此，道安便依止佛圖澄為師，而且服膺終身，直到佛圖澄圓寂（三四八年）。

佛圖澄為了訓練道安，經常命他代替講法，卻引來大眾誹議。慧皎《高僧傳》有一段生動的記載：

> 澄講安每覆述，眾未之愜。咸言：「須待後次，當難殺崑崙子。」即安後更覆講，疑難鋒起；安挫銳解紛，行有餘力。時人語曰：「漆道人，驚四鄰。」

道安說法時，出現群起圍攻的場面；問難中，眾僧以「昆侖子」嘲蔑皮膚黝黑的道安。雙方論辯激烈，但道安睿智如劍，故能折服眾僧，從此，「漆道人、驚四鄰」的美譽也不脛而走。

佛圖澄的僧團洋溢著自由開放的教學風格，在澄公座下，道安與許多師兄弟們在戒律、禪定、毗曇、般若等方面，都有「妙達精理，研測幽微」的成就。道安除了獲得佛圖澄的真傳，平日也與竺法雅、法汰等師兄弟「披釋湊疑，共盡經要。」後來，他們都成為弘化一方的高僧。

當佛圖澄過世後，後趙國主石遵曾請道安入住華林園。不久，石遵被殺，道安意識到「石室之末，國運將危」，與僧團大眾不得不各自逃命。道安後來曾避難於濩澤（今山西陽城縣西周隆鄉澤城村皇龍山）。

東晉穆帝永和六年（三五〇），道安作《陰持入經序》云：「安來近積罪，生逢百羅；戎狄孔棘，世乏聖導；潛遯晉山，孤居離眾。」道安雖然感嘆自己業障深重、生不逢時，但他依舊維持一貫的內省與精進。三十九歲的道安，隱居濩澤石窟，將盛年的氣勢導入深經的探微。可見，道安年輕學法時也曾歷盡艱辛；當他為學困頓時，絕不輕言放棄，窮追尋解，希冀有善知識能指點迷津。

虔誠的因心，自然感應善知識的出現。有大陽（今山西平陸縣）比丘竺法濟及并州（今山西太原）道人支曇講，冒著盜寇的危險，穿越險峻高山，前來為他講解安世高《陰持入經》的禪法實修。在兩位高朗博通的法師誨而不倦的教導下，道安終能全盤無礙理解，果真是大疑大悟！他曾在這裡與竺法濟、支曇講、竺僧輔、竺道護等，共同研討《道地經》、《陰持入經序》、《十二門經》、《大十二門經》，並親自作序及註解。道安因為能敬奉善知識及篤實學道，使得他在三年後也成為他人的善知識。

永和七年（三五一）道安四十歲時，他與竺法汰應僧先的邀請，從山西來到河北常山郡的飛龍山。飛龍山又稱封龍山，位於河北鹿泉市與元氏縣交界處。僧先是道安的同參道友，兩人在佛圖澄座下當沙彌時，就約定「若俱長大，勿忘同遊」。後趙石氏皇子奪位互殺時，道安避難濩澤，僧先避難飛龍山，並在此開鑿禪窟，深修禪觀。

僧先與道安的禪室現存，位於今封龍山書院山門後六十公尺的地方。該窟是漢晉時期毗訶羅窟的樣式，僧人所有食衣住行及禪修拜佛，都在一人或半人高的矮小泥窟中運作；冰天雪地或大雨滂沱時，更需有數月不出石窟的定力。這般簡陋與少欲知足的環境，是養尊處優的現代人難以想像的。極簡禪窟是最佳的阿蘭若，能具足禪修的諸多條件；僧先在此「游想崖壑，得志禪慧」，道安的禪觀也必然有所突破，這是後來道安僧團不廢禪觀的原因。

現今封龍山南坡山梁上西石堂院，也有疑是道安與僧先塑像的兩尊僧人造像，讓人想起道安在此與僧先辯論「格義」的問題。

鳩摩羅什尚未入關前，早期佛教僧侶常以老莊術語來解釋般若空義，道安、僧先與竺法雅等人都很擅長。後來，道安認為「先舊格義，於理多違。」他主張放棄格義；但是，僧先卻認為那是前賢傳習之法，不可妄論。

東晉穆帝永和九年（三五三），四十二歲的道安很可能因「格義」理念與僧先不同，而離開封龍山，來到太行恆山潛修，並於此建立起他人生的第一座指標性的寺廟。道安立寺的恆山寺並非在山西渾縣，而是河北上曲陽縣西北的古北岳恆山，也就是現在阜平北部、唐縣、曲陽三縣交界處的大茂山。

道安在恆山寺精進內修外，並開始對外宣揚般若經及教導禪觀。他強調解行並重的佛法教育，使人們不僅能了解佛經義理，更因具體禪修獲得身心穩定明覺。於是，沒多久「四方學士，競往師之」，有數百名弟子出家修行；而且

「改服從化者，中分河北」，河北竟有一半的百姓歸依奉佛。

如本書第一章所述，二十一歲的慧遠與弟弟慧持原想南渡與范宣子共契嘉遁；但值世亂，導致南下之路受阻。就在慧遠與弟弟不知何去何從時，他們耳聞道安震撼河北的教化，不禁好奇地想一睹傳說中「漆道人，驚四鄰」之說法風采。慧遠與慧持將千里尋師的志向，從范宣轉向道安，並於安師立寺後一年、也就是永和十年（三五四）跋山涉嶺，風塵僕僕地來到恆山寺。

梁代慧皎《高僧傳》記載了具格上師與如法弟子相遇時，弟子內心真實湧動起對師、對法的相契、感動與抉擇：

遠遂往歸之，一面盡敬，以為真吾師也。後聞安講般若經，豁然而悟。乃歎曰：儒道九流皆糠粃耳。便與弟慧持，投簪落彩，委命受業。

道安果然名不虛傳！當慧遠與慧持見到道安時，便知道自己終於找到他們此世的根本上師。《道行般若經》中佛語阿難：「菩薩、菩薩轉相視，當如視佛，心念言：『共一師、共一船、共一道，是所學，我亦當學。』」這段經文，彷彿是慧遠兄弟的寫照。

這時，安師正在寺院講解般若經，主要是依據漢末支婁迦讖所譯十卷本《道行般若經》，並且對照無羅叉、竺叔蘭譯《放光般若經》，來理解與講說般若真義。慧遠與慧持隨眾恭敬聞法，般若帶來未曾有的震撼教育，慧遠頓時「豁然而悟」，彷彿大夢初醒。他感慨地說道：「儒道九流皆糠粃耳！」

慧遠與慧持毅然「投簪落彩」，在道安座下剃度出家，並開啟慧遠往後六十四年的僧侶生涯。

為什麼道安講解《般若經》會讓慧遠產生如此思想的巨變呢？

《道行般若經》中提到，般若波羅蜜是「本無從來，去亦無所至」的法空智慧，是「甚深珍寶中王」及「無所罣礙諸智慧法」；宇宙萬法在般若正見的觀照下，便知空無自性，而能蕩相遣執，讓眾生獲得「大安隱究竟」。道安在《道行般若經序》讚揚道：「大哉智度，萬聖資通，咸宗以成也。」也就是說，三世諸佛菩薩及二乘（聲聞、緣覺），都是修學般若波羅蜜而成就賢聖果位。

至於儒道二家，道安則認為道家是「執道御有」，自以為無為，其實還在三界；而儒家是「卑高有差」，嚴立各種身分階級、服飾儀禮，刻意區分衣冠黎民，貧賤富貴不可踰越；兩者都只是有為法，還強烈活在二元對立的世間，無法脫離六道輪迴。諸佛菩薩則是「據真如，游法性」，證入不生不滅、生死涅槃不二的解脫境界。

從積極面來說，般若經更指出菩薩要「發心行願甚廣大」、「等心於十方人無有極」，才能「如鳥以雙翼飛於虛空，無有障礙。」此外，「五度為盲，般若為導」，菩薩須具般若智慧，才能長遠深修廣行度化眾生；因此，般若經中的大乘菩薩有著扎實與解脫的內在修為。如《道行般若經》云：

> 不持瞋恚意向人，不求他人短，心無慳貪，心不毀誡，心不懷恨，心不懈，心不迷亂，心不愚癡。

更不可思議的是「時菩薩學般若波羅蜜時，諸波羅蜜皆悉屬。」道安在《合放光光贊略解序》進而說道：

癡則無往而非徼，終日言盡物也，故為八萬四千塵垢門也；慧則無往而非妙，終日言盡道也，故為八萬四千度無極也。

前段話是說，如果愚癡不解般若性空之法，所言還與八萬四千煩惱相應；但是，當點燃般若妙慧，則一切言行都成為八萬四千度人之法。

能以一法總攝萬法，是慧遠一直想尋覓的安身立命之道；他聽完安師講說般若，才明白佛法的高妙理論與實修，不是儒道二家「有相有為」的世間法所可攀比。

慧遠入了佛門之後，如卓然不群的白鶴；他傳承佛圖澄與道安的大乘菩薩道，發菩提心以「大法為己任」，矢志荷擔如來家業。在學問上，他常欲「總攝綱維」，每天與弟弟慧持夜以繼日地精思諷持；雖然貧旅無資，生活匱乏，但兄友弟恭，安貧樂道。

道安的徒弟曇翼看了非常感動，便暗地買了燈燭資助他們。道安知道後感到很欣慰，並讚歎曇翼是個能識「法器」的人。

曇翼是道安僧團中的標領，不僅精通三藏，而且能攝受廣大群眾，後來擔任過道安僧團長沙寺、上明寺等寺的住持。梁代沙門寶唱《名僧傳鈔》稱曇翼「節行清苦，門人莫競。」曇翼自勵謹嚴，卻能厚待他人、提攜後學，襟懷如海、風骨高遠，也難怪他後來修到「人天恭敬鬼神欽」的境界。

道安在恆山寺高樹法幢，不僅吸引士子出家、法佈群黎，也深得高官顯貴敬重。這時，武邑太守盧歆，風聞道安清流高俊，特請沙門敏見前往請轉法輪。四十四歲的道安，辭不獲免，便於永和十一年（三五五）受請開講，而有「名實既符，道俗欣慕」的弘化盛譽。

登壇說法，一鳴驚人

自石室之亂，道安與數百位僧眾逃離華林園後，後趙已如覆巢傾卵；之後冉閔滅趙稱帝，胡漢廝殺，無日不戰。這時，以遼寧為大本營的鮮卑慕容氏，因其祖先慕容廆曾在西晉亡國後收留一批豪族世家及流民，多年漢化勵精圖治，也虎視眈眈地想問鼎中原。

據《晉書》載，慕容廆「英姿偉量，是曰邊豪。」雖然是夷狄亂華，卻注重道德修養，傾心漢化；因此，他的子孫慕容皝、慕容儁都是文韜武略的賢君，具有高度的漢文化造詣。

咸康四年（三三八）石虎討伐段遼，進到令支，準備趁機攻打慕容皝的國都棘城，佛圖澄警告他：「燕是福德之國，你千萬別攻打啊！」某天石虎午休時，竟夢見群羊負魚從東北來；佛圖澄說：「這是不祥的預兆，將來鮮卑要入主中原了！」

佛圖澄的話後來果然應驗。永和四年（三四八）慕容皝死，兒子慕容儁繼位，慕容儁便趁石室互殺時，進攻後趙，奪得幽州，遷都於薊城（北京）。永和八年（三五二）慕容儁滅冉閔攻下鄴城時，發現他住的正陽殿下有五色神鳥築巢，並生有三隻幼雛。大臣便告訴他：「神鳥五色，代表大燕聖朝將繼五行之籙，以禦四海。」慕容儁聽後大悅，不久稱帝位於中山，後於穆帝升平元年（三五七）遷都鄴城（河北南部靠近臨漳縣）。

前燕慕容氏對佛教也頗有容受，早在慕容廆時就建造了史載東北第一座佛寺「翔佛寺」，再加上它取得後趙領土本多信佛。道安認為，雖然江山易主，但時局已經穩定；就在慕容儁都鄴城的這年，四十五歲的道安便帶慧遠等徒眾離開生活不便的恆山寺，重回信都受都寺，「徒眾數百，常宣法化」。

道安一生徒眾數千人，主要代表弟子有：曇翼、法遇、曇徽、道立、曇戒、慧遠、慧持、慧永、曇邕等；或學通三藏，或重律，或重修禪，或兼興福建寺，濟貧等，呈現多元風格。慧遠在這個人才濟濟的僧團中學習，又在道安循循善誘下，出家三年便能登臺說法，而且一鳴驚人。

佛教對僧徒講經的訓練有內外兩種：內部的學講是對初學者關起門的講經練習；對外弘講則是至少能通達部分經論，且有能力招架他人的問難。道安栽培弟子們講經說法，兼具學講與外弘。

東晉永和十二年（三五七），慧遠年二十四歲，經過出家三年的深修苦讀後，對般若思想已略有領悟。在道安的安排下，慧遠於受都寺首次登臺說法，對外講說般若實相義。慧皎《高僧傳》記載當時實況：

當有客聽講，難實相義。往復移時，彌增疑昧。遠乃引《莊子》義為連類，於是惑者曉然，是後安公特聽慧遠不廢俗書。

「實相」的異名為真如、法性或實際，是一切法最究竟的真理；離虛妄之相，所見無非實相。慧遠當時讀過的《放光般若經》也說道：

五陰如夢、如響、如光、如影、如幻、如炎、如化，終始不可得……法性之法，真際終始皆不可見。

五陰，或言五蘊，是「色、受、想、行、識」的聚合，是虛妄不實的，其法性是空性。五陰的實相既然是空性，故無相：既是無相，就能在因緣具足時，顯現一切假有的相。

這樣抽象的道理，說來說去，讓人越聽越糊塗了。因此，當時在座的人便對慧遠的解釋提出問難。

其實，這種講經時允許聽者問難的形式，是佛教固有的傳承，道安跟隨佛圖澄時就接受過這樣的訓練，而贏得「漆道人，驚四鄰」的雅號；魏晉流行的清談，也具有類似辯論的型態。問難是一種開放性的學風，既可以訓練靈活的思辨邏輯，主客往來交鋒答辯，也可以讓與會者茅塞頓開。

這時，只見慧遠四平八穩、不疾不徐地以「連類」的方式，旁引《莊子》中的譬喻，讓大眾明白實相義。所謂智者以譬喻得解；慧遠機智善巧，果然奏效，一時疑雲消散，大眾心開意解。

慧遠的師兄法遇及曇徽，都是「風才照灼，志業清敏」的僧才；看到慧遠如此精闢析論實相，都深為推崇佩服，慶幸師門有此法門龍象。事後，安師特許慧遠不廢俗書，以便弘經說法。

對於青年慧遠的傑出表現，慧皎在《高僧傳》云：「遠藉慧解於前因，發勝心於曠劫，故能神明英越，機鑑遐深。」亦即認為慧遠乃累劫發心與今生勤奮不懈，方能出類拔萃。故道安常歎曰：「使道流東國，其在遠乎！」將來能讓佛法傳播全中國的人便是慧遠了。

隨師避難，法化各地

道安一生修道生涯極其坎坷，從晉穆帝永和五年（三四九）十一月石遵死後，道安與數百位僧眾就在黃河流域各地，東躲西藏地四處避難，直到晉哀帝興寧三年（三六五）才南下襄陽。這一段逃亡歲月，共計有十六年之久。

道安四十五歲重回冀州受都寺的時間不長，可能只有一年左右。在燕秦征戰不休，以及東晉頻頻北伐的情況下，道安深感前燕並非能與隆佛法的政權，不得不帶著僧團大眾再次避走他鄉。

道安帶著五百多位僧眾從河北南下，逃到河南陸渾山避難。道安及徒眾曾在此過著「木食修學」的山居生活，採果汲水、拾薪設食；雖然清苦，但因無人事紛擾，反倒是深修禪定與鍛鍊體能的最佳時刻。

但是，才到陸渾山居不久，這一年的三月，東晉大舉北伐，慕容儁遣前燕第一戰將慕容恪出戰，晉軍大敗，慕容恪更乘機奪取河南。當道安聽到戰火蔓延到河南時，他又領眾一路南逃到南陽，然後再下至新野。

往後，前燕又幾次大勝秦晉及一百八十多個壁壘歸降，掠取了後趙所據中原領土，包括現在河北、河南、山西、山東整個華北地區；與東晉、前秦形成三足鼎立之勢，並且為當時國力強盛者。

年方四十出頭的慕容儁，因屢戰屢勝、稱霸中原，又似乎以「神鳥徵瑞，御四海」的天命自居，突然於升平二年（三五八），下令全國各州郡進行戶口普查，要求每戶僅留一男，其餘都要上戰場，並在兩個月內湊足一百五十萬人進攻洛陽，然後吞併東晉、滅前秦經略關西，以統一天下。

慕容儁這道命令，讓整個北方百姓都遭殃了。出家僧侶在後趙絕對是不需要當兵的受保護階層，前燕政權如何對待則尚不得而知；但是，逃亡中的道安僧團得知訊息時，徒弟們都非常佩服師父確實具有「遠識」，能預知前燕並非久處之地。

沿路長途跋涉，道安深感數百人齊聚逃難，長期下來不論行動與生活都甚為不便；而且，一旦發生不測，恐法種全遭滅頂，佛日將無法光耀於中土。因此，道安便於升平二年（三五八），在新野進行第一次「分張徒眾」。據《高僧傳》載，道安當時對大眾說道：「今遭凶年，不依國主則法事難立；又，教化之體，宜令廣布。」

道安說這話，實是出於遇到暴君及獨裁的無奈，絕非佛教要依靠政治才能興隆三寶。因為，先是北方後趙二石凶狠，不依則無法攝其歸佛、戒殺無辜；往後南下，面對的將是門閥與皇權的勢力消長，不依則佛法無法廣布江東。眾僧聽後，都說聽從安師的囑咐。

於是，道安就請竺法汰帶著弟子曇一、曇二等四十多人到揚州弘法；理由是，晉都建康之地「彼多君子，好尚風流」。法汰雖然辯才不及道安，但是他

「形長八尺，風姿可觀，含吐蘊藉，詞若蘭芳。」這正是合乎魏晉愛賞風流的氣質，東晉清談名士要求形神俊逸的條件，法汰有過之無不及。

另外，道安請法和也帶數十位弟子到四川，因為蜀地的「山水可以修閑」。法汰與法和皆為澄公座下高徒，都是足以荷擔大法的一時之選。這兩位法將，果然不負道安的期許。道安的安排再次印證佛圖澄所說，道安是個「遠識之人」。

當時的東晉中書令王洽（三五八年卒），是首席丞相王導第三子；由於他對法汰恭敬供養有加，使法汰成為眾所矚目的焦點。法汰後來住錫在京師的瓦官寺，受到王宮貴族大力護持，講經時盛況空前，除了簡文帝外，東亭王洵、太傅謝安及郗超等名臣也深為崇敬法汰。

法汰於太元十二年示寂，世壽六十八。孝武帝下詔褒譽，感其「道播八方，澤流後裔」，贈錢十萬安葬，據說這是僧人受國葬之始。

至於向來以恭讓知名的法和，因為擅長「標明論綱，解悟疑滯」，所以當他率眾弘化四川後，沒多久便有「巴漢之士，慕德成群」的氣象，法和因此被譽為中國西南佛教義學的創始人。

荊州論辯，道恒邪說

話說升平二年（三五八）法汰與弟子們沿長江東下後，才到半路，法汰突然生重病，不得不暫留在陽口養病；道安獲訊，趕緊派遣慧遠前往荊州慰問病中的竺法汰。當時的荊州刺史桓溫聽說佛圖澄的高足來了，便趕緊派人供事湯藥，也想找時間一睹法汰風采。

桓溫當時約五十歲。在殷浩北伐屢屢吃敗仗後，桓溫上疏，致使殷浩被廢為庶人；從此桓溫掌握內外大權，並積極以北伐樹立威名。永和十二年（三五六）因一度收復洛陽，而成為東晉的北伐英雄。

法汰後因病而為桓溫所供養；二十五歲的慧遠奉師命到達荊州後，必然與桓溫有所接觸，史傳中卻無吉光片羽可尋。但世事難料，誰知多年後，慧遠與桓溫之子桓玄，竟有更多糾葛與交涉！

法汰滯留荊州期間，聽說沙門道恒（非鳩摩羅什之高弟道恆）倡「心無義」，在荊州大為流行。法汰仔細了解後，便當下立判「此是邪說，應須破之。」立即組織一場辯論大會，大集名僧來聽講。

法汰弟子中的曇一與曇二，人稱「大一小壹」，兩人在「博練經義，又善老易，風流趣好」三方面，在當時都與慧遠齊名。法汰首先派出曇一論戰。史稱「雅有風操」的曇一，看來有乃師風範，他「據經引理，析駁紛紜」，道恒卻「仗其口辯，不肯受屈」。後因暮色漸深，只得暫且擱下。

第二天，法汰指派慧遠上場。只見慧遠就席攻難數番，關關責難蜂起，風采灑落，談吐精要，比當時清談名士更讓人激賞，會場群情激昂。道恒沒料到，這二十六歲的青年僧人如此鋒利，竟讓他發覺自己的理論站不住腳了。

道恒一時語塞，慧遠察覺他神色微動，似是欲使出清談家伎倆，以「麈尾扣案」保持沉默，想以維摩詰的「聖默然」取勝。慧遠見狀，機鋒一轉，詼諧地問難：「不疾而速，杼軸何為？」「杼」本來是織布機上用來持理緯線的梭子，「軸」是承受經線的筘，此處是以「杼軸」比喻反覆思考的意思；亦即直指道恒：「心無義」不是說只要無心於萬物，心便「豁如太虛」，能不須急疾而使萬事速成嗎？既然如此，您現在只要無心於物即可，為何受我影響而苦思不語呢？」

聽慧遠如此幽默地問難，臺下一陣哄堂大笑。

這種饒富理致的妙語，所激發出的趣味與啟悟，正是時人酷愛清談的理由。從此，「心無義」邪說雖沒有銷聲匿跡，但再也起不了甚麼影響力了。

慧遠「以子之矛，攻子之盾」的論辯法，其實便是印度中觀應成派的「駁論式推理法」，亦即用對方的論點及邏輯關係，推出與對方觀點相反的結果。「心無義」最大的錯謬是萬物實有自性論，這當然違背緣起性空的觀點。鳩摩羅什弟子中「解空第一」的僧肇便對此批評道：「此得在於神靜，而失在於物虛。」意思是說，「心無義」強調屏除外欲、凝神靜氣，這點是對的；但是，不明白萬物當體即空、無有自性，這點是錯誤的。

據《世說新語．假譎篇》載，「心無義」原為支愍度所創，主張「無心應物」，但不承認萬法皆空；據說，此主張本來就是為了迎合東晉名士清談的口味，以謀得名聞利養。幸虧有法汰的明察及慧遠的睿智，才能使「心無義」的邪說沒落。

慧遠任務達成後，便回新野與道安會合。後來道安又帶著四百多位僧眾前去南陽，法汰病癒後則直下京城建康，各自肩負起安僧度眾的使命。

四海鑿齒，彌天道安

襄陽，是中國楚文化、漢文化、三國文化的發源地，更是歷代軍事經濟要地，自古以來為「兵家必爭之地」。

在襄陽士族門第中，習氏世為鄉豪，宗族富盛，人才輩出，其中以習鑿齒最負盛名。

習鑿齒字彥威，少有志氣，以博學洽聞及文筆著稱；他也是東晉清談名流，精通玄學、佛學、史學。他早年備受桓溫的賞識，桓溫北伐時便負責總理一切內外軍機樞要，深得桓溫信任。不過，習鑿齒正氣浩然，雖為桓溫重用，卻不依附桓溫。某次，他赴京見丞相司馬昱（後來的簡文帝），回來後在桓溫面前多所稱譽，桓溫氣得將他降黜為戶曹參軍，後遷為滎陽太守，他不久後便辭職歸鄉。後來，桓溫廢帝欲篡位時，習鑿齒便著《漢晉春秋》以裁正之。

晉哀帝興寧三年（三六五），習鑿齒早已耳聞北方釋道安「漆道人，驚四隣」的鋒辯天逸，及「中分河北」的佛法籠罩。所以，他於該年四月五日致信道安，力邀他到襄陽駐錫弘法。此書函題名〈習鑿齒與釋道安書〉，收錄於《廣弘明集》。

他首先讚歎道安是一位「應真履正，明白內融」的高僧，以慈訓兼照、恩威並重來度眾，使北方道俗齊蔭三寶恩德；接著說，襄陽僧俗大眾，不論老幼，也都渴望聆聽安師說法。他比喻道安為「明哲之燈」，多麼希望法師能「雨甘露於豐草，植栴檀於江湄」，使「如來之教，復崇於今日」！

道安看完信時非常驚訝，沒想到鼎鼎大名的習鑿齒竟是位虔誠的佛弟子。全函文采飛揚、字字珠璣，流露出代眾生「請轉法輪」的懇切。道安此時與四百多位僧眾在南陽郡的陸渾（今嵩山）靜修，大家看到習鑿齒的信都非常感動。

數月後，五十四歲的道安帶領弟子慧遠等四百多人抵達襄陽，剛開始住在白馬寺，最後才移到檀溪寺。三十二歲的慧遠來到襄陽後，便協助道安建寺及學習大小乘經論；前後共十五年，福慧雙修，奠立深厚的戒定慧三學資糧。

習鑿齒聽說道安到了，非常高興，便趕緊登門拜謁。一進門坐下後，習鑿齒便展現清談家的機鋒。俠氣地自我介紹道：「四海習鑿齒」，顯示他有海量的檀越喜捨，護持道安。道安也豪氣干雲地回答：「彌天釋道安」，意味他審慎讀過習鑿齒的書信，將以菩薩彌天的願行，雨潤蒼生。

簡短的對話，已讓人感受兩人學問藏身、言不妄談，語有典據。兩人誇大的妙談，有著強烈的文學渲染性，這與當時清談流行幽默詼諧的風格有關。而道安「離俗即俗而化俗」的權智，則讓習鑿齒全然傾服！

之後，習鑿齒便經常到白馬寺向道安請法，每次都滿載著未曾有的法喜而歸，內心激動，忍不住要跟摯友分享。孝武帝寧康元年（三七三）左右，習鑿齒寫信給在朝廷輔政的好友謝安。這封信題名為〈習鑿齒與謝安書〉，收錄於僧佑《出三藏記集》中，內容說道：

> 來此見釋道安，故是遠勝非常道士，師徒數百，齋講不倦。無變化技術，可以感常人之耳目；無重威大勢，可以整群小之參差；而師徒肅肅自相尊敬，洋洋濟濟，乃是吾由來所未見。

道安畢竟是佛圖澄的高徒，佛圖澄神通廣大，遐邇轟傳，所以習鑿齒難免也以為道安的弘化多少具有那樣的神祕色彩。雖然道安並不否認菩薩神通為度世的方便，就像師父佛圖澄以神通攝化二石，才能使其減少濫殺無辜，並與隆三寶；但是，他也看到，當人們過度依賴神通，不僅容易使三寶淪為求神問卜的對象，也會讓人失去反省與淨化惡習的能力。就像石虎與他的兒子們，恭敬佛菩薩及「大和尚」的目的，都只是為了滿足更多私慾，並未明白佛法最珍貴處是使人解脫煩惱、去除私心，而以慈悲普蔭眾生。

道安這群倍經風霜、刻苦自勵的僧人，顯得道氣凜然，日常生活的威儀齊整、動止安詳，讓習鑿齒連連讚歎安師確實是北方來的「非常道士」。他又於信中對謝安說：

> 其人理懷簡衷，多所博涉；內外群書，略皆遍睹；陰陽算術，亦皆能通；佛經故最是所長，作義乃似法蘭、法祖輩。統以大無，不肯稍〈齊物〉等智，在方中馳騁也。

習鑿齒也是博學洽聞之士，所以幾次與道安對談下來，自然明白安師是位博通三教九流的奇才。他告訴謝安，道安的專長是佛經，在義理的成就類似東漢竺法蘭、西晉白法祖等譯經高僧。莊子在《大宗師》中自詡為逍遙於「方外」，而譏陋儒家囿於「方內」；但是，道安從佛教究竟的般若空性來看，他認為道家也僅在「方內」而已。

習鑿齒最後跟謝安說：「恨不使足下見之，其亦每言思得一見足下。」意思是，深為謝安未能親見道安感到惋惜，也表達道安想見謝安的心情。

謝安是當時東晉第一流人物，也是因淝水之戰而著名的宰相。謝安少年便得到名士王濛及宰相王導的器重，朝廷屢次徵他出仕，他卻隱居東山不就，而與支道林、王羲之、許詢等名僧、名士等悠遊山林、清談賦詩。因此，他對佛教的教義及般若思想，都有一定程度的愛好與理解。

昇平三年（三五九），謝安之弟謝萬北伐前燕失敗，不久後被廢為庶人。謝氏家族面臨嚴重威脅，謝安才不得已於昇平四年（三六〇），出仕征西大將軍桓溫帳下的司馬。但謝安不久後就察覺桓溫心懷不軌，便於昇平五年（三六一）謝萬病逝時，藉奔喪名義離開桓溫。

咸安元年（三七一），桓溫因為前兩年北伐失敗，威望頓減。後來，郗超建議桓溫行廢立大事，以「鎮壓四海，震服宇內。」桓溫便在這年將皇帝司馬奕黜為海西公，立丞相司馬昱為帝，即晉簡文帝。簡文帝因受制於桓溫，即位不到一年便憂憤至重病。

桓溫原本希望簡文帝將帝位禪讓給自己，或讓自己倣效周公輔政；沒想到，群臣竟讓皇太子司馬曜稱帝，壞了桓溫篡位的計畫。桓溫懷疑這件事是謝安跟王坦之的主意，因此懷怨在心，想殺謝安與王坦之洩恨。但是，在謝安的睿智與忠誠守護社稷下，桓溫最終無能篡位，並於該年七月病逝。

謝安任宰相時，盡忠王朝，百官齊心，時人將他比作王導。太元八年（三八三）秦軍發動淝水之戰，幸而謝安領導有方，才能以寡擊眾，保全東晉。

寧康元年（三七三）時，謝安雖無法至襄陽面晤道安；但是，對於習鑿齒熱心推薦道安一事，謝安也深表贊同並暗中協助，而後才有孝武帝下詔賜與道安王公俸祿，護持道安安僧度眾。

另一重臣郗超，全家都信奉五斗米教，只有他一人信佛，並親近支道林、竺法汰學法，對儒釋道三教思想都有精微的見地，時人稱讚：「盛德絕倫郗嘉賓，江東獨步王文度（坦之）。」

郗超生平撰述不少佛學論著，存世的《奉法要》一書可說是在家奉佛指南；闡述明信因果業報，勤修戒定慧，體證般若空相的成佛之道。

郗超生性慷慨，曾在一天內散盡父親庫房千萬，供僧濟貧，時人引為美談。據《高僧傳》載，「高平郗超，遣使遺米千斛，修書累紙，深致慇懃。」咸安元年（三七一）郗超入朝擔任中書侍郎，這年與次年東晉發生大水災與旱災，郗超可能於此時期供養道安僧團一千斛米。慷慨熱情的郗超也寫了厚厚幾張書信，表達對道安無比的敬意。但是，道安面對這個曠世奇才，竟只回他寥寥數語：「損米，彌覺有待，之為煩。」短短九個字，頗耐人尋味！

道安為郗超開出這道處方，意思是：您捐了這麼多米，讓我感到生命必須依賴外在事物才能存活；如果無法超脫生死輪迴，就必須一再出生、一再依賴飲食維繫生命，只要一出「生」便是一種負擔，這件事情是讓人感到很厭離的。可見，道安給郗超的是第一義諦教導，所謂「正直捨方便，但說無上道」，是提醒郗超修行須以體證不生不滅的法性為目標，不可止於表象宗教熱情。

郗超對道安的開示到底領悟多少？不得而知。不過，讓人遺憾的是，桓溫過世後由謝安掌權，深得朝野愛戴，郗超居然忿忿不平。太元二年（三七七），郗超抑鬱成病過世，死時才四十二歲。當時道安正住在襄陽檀溪寺，聽到時必然感觸良多。

襄陽助師，立寺行道

道安剛至襄陽時，先是整修白馬寺，後來因為白馬寺太狹小。寧康年間，道安在習鑿齒與當地士紳百姓護持下，於襄陽陸續建了十多座寺院。當新寺建成後，加上原來舊寺，便呈現歷史上峴山「一里一寺」的奇景。

道安親建的峴山寺（普樂寺），現在稱為峴石寺。谷隱寺則是道安來到襄陽後，親自選址的第一座寺院，建在習鑿齒捐贈的一座幽靜山谷，位於習家祠附近。初到襄陽幾年，道安除了親建寺院，也派慧遠等徒弟四處勘查選址；這時才約莫三十三、四歲的慧遠，不到幾年便建起了甘泉寺、如珠寺與龍泉寺等寺院。

就在道安、習鑿齒與慧遠大張旗鼓地四處覓地、建寺安僧時，太和二年（三六七），江陵那邊也傳來長沙太守騰含「於江陵捨宅為寺」，向道安要求一僧為綱領。道安便指派戒臘及學修資深的曇翼前往，長沙寺便成了道安僧團在江陵的支脈。

在道安所建各寺中，最負盛名的便是檀溪寺。該寺位於檀溪村（今真武山下）寺側臨檀溪，故道安以地立寺名。據《高僧傳》、《名僧傳》及明清方志載，該寺始建於晉寧康元年（三七三），於康寧三年（三七五）完工，因為是據「清河張殷宅」改建，所以只花了兩年的時間。張殷是襄陽豪族，他所捐故宅是多重四合院的建築群，腹地廣大，道安在此「建塔五層，起房四百」；院內「果竹成列，華藥布滿」。

道安建寺期間獲得十方善信踴躍護持，奉晉室為正統的涼州刺史楊弘忠供養萬斤銅，擬作佛塔的承露盤；因已有竺法汰發心，道安便擬迴作塑造主殿大佛。徵求施主同意及大眾共襄盛舉後，從康寧三年（三七五）四月八日始造，到太元初年（三七六）冬天，莊嚴丈六釋迦金像終於鑄就。據《法苑珠林》載：

光相丈六，神好明著，每夕放光，徹照堂殿。像後又自行至萬山，舉邑皆往瞻禮，遷以還寺。安既大願果成，謂言「夕可死矣」。

釋迦大佛歷時一年多鑄成，道安悲欣交集說道「夕可死矣」，可見這是他畢生的心願。道安認為，人生無常苦短，難以久住；但像在法在，必能使無明眾生有所啟悟。這尊像因為是集眾人虔誠淨信而成，所以殊勝異常。尊像每晚上都會大放光明，徹照殿堂，據傳甚而自行「夜出西游萬山」；全襄陽城的道俗因此「一時奔赴，驚嗟迎接」，瞻仰禮拜後，又請回檀溪寺供奉。

這時，約莫四十三歲的慧遠奉道安命作〈晉襄陽丈六金像贊〉，全文基本上是描述道安的心境，以及慧遠對師父修道、弘道的認同。慧遠這篇文章是以四到八言不等的對句贊頌佛德，說明鑄造佛像緣起、功用及四眾參與盛況。主要內容有七項：

（一）釋尊降生，法化大千：

贊頌釋尊是從兜率天宮降生到印度修行，而成為「明輝宇宙，光宅大千」的「眾祐」覺者。為了使「眾邪革心」，佛陀轉三乘法輪，使人天永離輪迴，法音遠布如「密風遐扇」，再遠的地方都能「遠生善教」。

（二）慨生末法，以法為師：

道安感慨自己生於末法，離佛已經千年，故無法親從佛陀「獲叩津妙門」，使修行達到「發明淵極」的境界。又，佛的法身如「罔兩神影」般不可得，自已能做的便是「餐服至言」，深入經藏，而稍得「欣味餘塵，道風遂邁」的內修與外弘。

（三）**觀想念佛，三昧現前**：

說明道安觀想釋迦佛德，達到「寤寐興懷」，晝夜相續，開眼閉眼時，佛像「若形心目」的禪定境界。但是，這樣「冥應有期」的修行感應，卻是「幽情莫發」，不知從何說起。

（四）**冥應理悟，造佛因緣**：

說明道安對釋尊產生「遠契百念，慎敬慕之思」，他希望自己像阿育王時代之八王分舍利那般虔敬釋尊，因此獲得「魂交寢夢」的夢中感應，以及「情悟其中」的智慧起悟，才命門人鑄此佛像。

（五）**以像引心，頓漸皆悟**：

眾生根機有別，每個人各有悟道因緣。鑄佛像的目的是「擬狀靈範，啟殊津之心；儀形神模，譬百慮之會」，也就是藉由佛外在莊嚴的形象，使各類有情都能獲得佛的教化，而淨除疑惑與煩惱。

（六）道福兼弘，趣入法身：

道安重申，鑄造佛像是「道福兼弘」，而非僅是有相的興福活動，能讓眾生知道「真跡可踐」、人人可親證法身的道理。使志向遠大者，未來能親證法身；追求現世利益者，也能受用過去生修來的佛緣。

（七）四眾捐獻，集體造佛：

當建造檀溪寺釋迦大佛的消息發布後，便有了「四輩悅情，道俗高趣」的歡喜氣氛，發心出資者不計其數。最難得的是，「鑄均有虛室之供，而進助者不以纖毫為挫」；有人傾盡所有來捐獻，隨喜的人也不以捐獻少而矮人一截；

勸募者雖耗費多時，依然勤奮；造佛像者雖工作到黃昏或身體疲累，卻不感覺辛勞。

文末，慧遠還意猶未盡地以一篇四言頌體，來稱頌釋尊的至德。慧遠以「善囑文」著稱，其頌文鏗鏘優美，與前贊都充分體現他精湛的文學與佛學造詣。頌曰：

堂堂天師，明明遠度；邁群挺萃，超然先悟。
惠在恬虛，妙不以數；感時而興，應世成務。
金顏映發，奇相暉布；肅肅靈儀，峨峨神步。
茫茫造物，玄運冥馳；偉哉釋迦，與化推移。
靜也淵默，動也天隨；綿綿遠御，亹亹長縻。
反宗無像，光潛影離；仰慕千載，是擬是儀。

今試將原文白話語譯如下：

釋尊人天之導師，光照大千遠度生；出類拔萃超群黎，自覺覺他先悟者。
法身寂滅藏智慧，微妙殊勝難思量；因緣果報際會時，能降世間度群倫。
佛身光明金燦爛，三十二相八十好；端嚴殊妙特容顏，舉步威儀咸莊重。
釋迦神力浩無邊，法身冥應化眾生；慈悲浩瀚無倫比，隨緣施教而不變。
法身靜默深如淵，動隨因緣與根機；攝化眾生長久遠，執繩御眾不厭疲。
示現涅槃空無相，光芒隱匿身影離；千年高仰思佛德，造佛金像願成佛。

寧康元年（三七五）當大雄寶殿、法堂、客堂、大寮及僧寮等僧團堂口陸續竣工，以及太元初年（三七六）冬天大佛鑄造完畢，檀溪寺當於此時啟建寺院落成及佛像開光法會。慧遠的這篇文章使用很多疊韻及不同押韻，極富音樂節奏感，很可能是道安在法會宣告大眾的重要疏文，或即便配上梵唄也都能琅琅歌詠。

道安來到襄陽，不僅獲得地方官員及百姓的護持，還深獲南北對峙帝王的敬重與供養。約莫在檀溪寺落成這年，十六歲的孝武帝親自下詔褒揚道安：

「安法師器識倫通，風韻標朗，居道訓俗，徽績兼著。豈直規濟當今，方乃陶津來世。俸給一同王公。」這該是繼後趙皇帝石遵邀請道安入住華林園供養後，道安再次獲得世俗最高「殊榮」與供養。

然而，道安卻無絲毫沾沾自喜；因為，在道安眼中，一品王公最高俸祿與普羅大眾的一分一錢，悉皆平等無二。道安受用這些信施，只是為了守護僧團大眾及讓諸有緣值三寶因、種解脫福；而且，道安並未因此被東晉羅致為僧官而治理檀溪寺。

另外，在檀溪寺落成前，道安突然接獲東晉敵人前秦苻堅供養的一批珍貴佛像，計有七尺的金箔倚坐佛塑像一尊，以及金坐像、結珠彌勒像、金箔繡像及織成像各一張；這些似乎都是前秦坐大後，西域諸國來朝的「貢品」以及征服涼州所得的「戰利品」。一般人看了嘖嘖稱奇，對東晉官員來說則心中不免掀起陣陣漣漪，紛紛猜測苻堅葫蘆裡賣的是什麼藥？原來，這是苻堅迎請道安到長安的敬師禮。

道安以「三輪體空」（施者、受者、所施物三者皆空）的心接受苻堅的供養。每次講經說法時，便請人將佛像全部羅列出來，布置幢幡在兩旁；整個大殿閃爍著耀眼的珠光，璀燦莊嚴，來聽法的人看了都生起歡喜與恭敬心。

但是，其中有一尊外國銅像的樣式很古怪，眾生看了不甚恭敬。道安就說：「其實這尊佛像形相很好，只是肉髻不對稱而已。」於是令弟子將肉髻入爐冶煉。這時，佛像忽然大放光彩，光焰耀滿全室；原來，肉髻中竟然藏有一顆舍利子。所有人都對自己執著表相而深感慚愧，同時也非常佩服師父，認為安師早知道裡面有舍利了。道安看到大家不再對佛輕慢，便說：「這尊佛像既然如此靈瑞，也就不需要重新冶煉了。」

據《襄陽縣志》載，道安與習鑿齒也在襄陽城西門外，鑄有露天鐵佛像一尊，「以鎮海眼」；防止漢江氾濫時，能鎮住海上湧出的「泉眼」，避免襄陽面臨滅頂之災。據說，鐵佛鑄好後靈驗異常，每當有洪水時，便有「神鐘自鳴」的預警。

在《廣弘明集》中記載，北周武帝滅佛時，襄陽副鎮將長孫哲想毀壞襄陽丈六釋迦及鐵佛，便令百人以繩索綁住大佛頸部，卻怎樣也拉不動。哲大怒，再加五百人，費了九牛二虎之力，佛像應聲方倒。長孫哲大喜，親御快馬欲稟告刺史；沒想到，跑不到百步，便落馬當場摔死。左右的人看了，都知道是觸犯了天龍護法，嚇得再也沒人敢再去毀壞鐵佛。

從寧康元年（三七三）道安始建檀溪寺，到太元三年（三七八）前秦將道安擄回長安後，道安駐錫檀溪寺弘化共計六年，之後就不曾回到檀溪寺。這六年的時間，道安在檀溪寺生活安定，所以能有計畫地展開各項龐大的佛教事業，而使佛法在襄陽大盛。其事業主要有下列幾項——

一、建立僧制，出家姓「釋」

道安一生「傷戒律之未全，痛威儀之多缺」，於是「鑿空開荒」首定僧尼軌範、佛法憲章三例及出家統一姓釋，不僅當時「天下寺舍，遂則而從之」，漢傳佛教依舊沿用至今。

三例即：（一）講經說法儀軌：舉凡行香、定座、上經、上講，都能如法行儀，恭敬梵唱。（二）平日定課及用齋儀軌：六時禮懺、用齋規矩、食存五觀及種種梵唄唱誦法。（三）僧眾誦戒懺悔儀軌：布薩、差使、悔過等法，使三業清淨及僧團和合。

道安對戒律之重視可舉一例：道安的弟子法遇住持江陵長沙寺，領眾數百位。有個徒弟因喝醉酒，晚上忘了在大殿上香，法遇只有輕微處罰而沒有擯出僧團。道安在長安聽說後，就在竹筒裡放了一根荊條，託人拿給法遇；法遇看後，知道師父指責他管教徒弟不嚴。於是鳴槌集眾，將竹筒供於佛前，行香後向竹筒致意，然後趴在地上，請維那師用荊條抽打他三下，並垂淚自責說，自己領眾無方，讓遠在長安的師父擔憂，真是罪過無邊。

當時聽到的人皆肅然起敬，從此長沙寺道風凜然，僧眾多能自我惕勵。後來法遇還致信慧遠告知此事，慧遠引為廬山僧團借鑑。

在魏晉時，漢地出家者，皆從師姓，師來自安息國則姓「安」，來自天竺則姓「竺」，來自月支則姓「支」，來自康居則姓「康」，僧姓混亂，造成門派與對立。道安認為「大師之本，莫尊釋迦」，故出家應統一姓「釋」，他在白馬寺便自稱釋道安，但竺法汰、竺僧朗等人並未完全認同。後來《增一阿含經》傳入中國，經中記載：「四河入海，無復河名；四姓為沙門，皆稱釋種。」於是獲得普遍認同，成為漢傳佛教遵循的僧制。

二、佛典目錄，勘經實況

晉寧康二年（三七四）道安在慧遠等弟子協助下，於檀溪寺完成中國第一部佛典目錄《綜理眾經目錄》，又稱為《道安錄》，多數內容被梁代僧祐收錄在《出三藏記集》中。

道安這本目錄，是對中國歷代翻譯的佛典逐一仔細閱讀後，考訂譯者生平、時代、譯本類型以及跟其他譯本的關係（例如，同本異譯或節譯本），又判定疑偽，指陳魚目混珠之弊。透過佛典的綜理，了解哪些佛典尚缺、必須西行求經，哪些翻譯不佳、必須重譯等事宜。

三、依經作序，講說注解

道安曾派遣弟子西行取經，並在長安組織譯場翻譯佛典，親任譯場監督工作，並為佛典作序及注解佛經。據《高僧傳．道安》載，以前的佛典翻譯有不少錯謬，導致人們無法了解佛經深邃義理，一般講經大多「唯敘大意，轉讀而已。」道安於是窮覽經典，尋文比句，析疑甄解。其一生著作約有五十四種：佛經作序二十篇、佛經注解二十篇、著述十三篇，目前仍傳世者僅剩二十三篇。內容包括佛教大小乘理論、禪修、律儀等廣泛的領域。

慧皎曾稱歎曰：「序致淵富，妙盡深旨，條貫既敘，文理會通。」因此，道安是中國第一位逐句解經、闡明佛典奧義的法師，對後世講經與注經產生重大影響。此外，道安又將經典解釋分為序分、正宗分、流通分等三科，此法亦沿用至今。

道安生前唯恐所注經典有不如法處，曾發誓：若所注經典不違背真理，願見瑞相。不久後，夢一白髮長眉西域高僧向他說：「君所注經，殊合道理；我不得入泥洹，住在西域，當相助弘通，可時時設食。」

道安圓寂後，當曇無流支與羅什合譯出《十誦律》時，慧遠方知安師所夢為賓頭盧尊者。於是，慧遠便在齋堂立座供養尊者，從此漢地處處相襲，遂成永則至今。

四、集眾立誓，願生兜率

不論大小乘佛經皆有記載，彌勒現居欲界第四天兜率內院天宮說法，待五十六億七千萬年後，將繼承釋迦牟尼佛降生人間成佛，於龍華樹下三次說法，分別度化九十六、九十四、九十二億眾生，開法眼智，證阿羅漢果，脫離生死輪迴。

彌勒信仰在古印度二、三世紀就已經非常流行，無著與世親菩薩也都發願往生兜率淨土，兩晉南北朝經西域絲綢之路傳入中國，留下大量彌勒石窟與造像說明信仰的普及。例如，東晉入華的佛馱跋陀羅，於罽賓遊學時便曾入定至兜率內院向彌勒菩薩致敬。

西元二六五年至三〇八年，西晉竺法護譯出《彌勒成佛經》、《彌勒菩薩本願經》、《彌勒下生經》等經，這是道安時期可見的彌勒主要典籍。道安弟子僧叡曾說：「先匠所以輟章遐慨，思決言於彌勒者，良在此也。」道安生前研究佛經，常遇疑惑不解，故往生兜率淨土是為「決疑彌勒」。

據《名僧傳抄》與梁《高僧傳》可知，道安曾與師兄僧輔，以及徒弟法遇、曇戒、道願與隱士王嘉等八人，於彌勒前共同立誓，願生兜率。道安是中國第一位倡導彌勒淨土信仰的高僧，他將畢生修學戒定慧的資糧，導歸彌勒淨土，為萬世建立起佛教終極的關懷，是中國早期彌勒信仰與盛的關鍵人物。

苻堅戰役，永別恩師

前秦苻堅想一統天下，準備攻打江東的消息傳到朝廷後，晉室嚴令全國將領整肅防務。太元二年（三七七）三月，荊州刺史桓豁寫信向朝廷舉薦，由朱序任梁州刺史、鎮守襄陽，獲得了孝武帝許可。就在這一年，桓豁曾請道安到江陵暫住；朱序上任後，將道安從江陵請回襄陽。朱序與安師一見如故，深相結納。他非常崇敬道安，並說：「安法師道學之津梁，澄治之鑪肆矣！」

東晉孝武帝太元三年（三七八），前秦苻堅發動「襄樊之戰」，以子苻丕為將領，率領步騎兵十七萬，分兵四路，攻掠襄陽。這是一場史上最奇怪的戰爭，萬軍齊發，竟然只為了爭取一個「和尚」？然而，這個和尚是不凡的，是苻堅心中的「神器」，他勢在必得！

兩軍戰況激烈，朱序固守襄陽苦戰，四方糾合的秦兵久攻不克。朱序的老母韓夫人每天登城巡視，見西北角城垣薄弱，便親率一百多位家婢及城中女子，在舊墻後面築起一道新墻，後人稱「夫人牆」。不久，苻丕果然先攻破城牆西北角，但發現牆中牆堅硬難攻。後來，叛將李伯護被苻丕收買，苻丕才於太元四年（三七九）二月攻破襄陽，將道安、朱序及習鑿齒帶回長安。

當秦軍凱旋歸來時，苻堅得意地對僕射權翼說：「朕不以珠玉為珍，但用賢哲為寶。十萬之師攻襄陽，獲一人有半。」翼問：「誰啊？」堅曰：「安公一人，習鑿齒半人也。」

習鑿齒因腳疾，被秦主戲稱「半人」，這讓他自尊受損。後來，習鑿齒請求隱居，他常邀安師去講經，兩人可稱生死之交。但是，習鑿齒因長期「水土不服」，苻堅憐惜他，便放他回襄陽故居養病。

苻堅奉道安為「國師」，禮請安師住持在長安五重寺。有一天，有人拿了一個新出土的鼎器向道安請教上面的銘文，道安一看便說那是古篆書，為春秋時魯襄公所鑄，並當場將篆體銘文改寫成當時通行的隸書。苻堅對道安的修為與淵博深識佩服得五體投地，便下詔：「令朝中學士，皆拜道安為師」，長安因此流行一句話：「學不師安，義不中難」。

苻堅對道安的支持，還表現在護持道安主持國家譯場與度僧，一時僧眾多達數千人，佛法大弘。道安在長安講經著述不輟，組織譯場，完備三藏。苻堅建元二十一年（三八五）二月，道安圓寂於長安五重寺。

道安往生前，曾有一醜陋異僧從門縫入，手指西北，開雲撥霧，讓道安與數十位僧眾見到兜率內院的勝妙，並說道安未來將生於彼。道安預知時至，無疾而終，如願往生兜率淨土。

話說，襄樊之戰前，道安已敏感察覺苻堅這場戰役是衝著他來；為了避免僧團法種全軍覆沒，道安趕緊召集弟子，進行第二次分張徒眾。臨行前，大家都獲得道安的訓勉，唯獨慧遠沒有。慧遠跪問：「為何師父不願給我教誨？」道安說：「像你這樣的人才，還需要我擔憂嗎？」慧遠這才明白，這是師父對他的信任。他直下承擔，從此「自依止，法依止，莫異依止」。慧遠有預感，與恩師這一別，可能成為永別，不禁潸然淚下！

當安師被苻丕帶回長安後，慧遠與慧持便離開暫時避難的上明寺。據清康熙九年《當陽縣志》載，慧遠後來在當陽建了龍泉寺及育溪寺。龍泉寺是慧遠離開襄陽後自己建的第一座寺院，他將襄陽「龍泉寺」的寺名搬到這裡，之後南下又帶到廬山。由此看來，慧遠似乎對渡化龍王有深遠的因緣與悲心。

第三章　隱遁匡廬・東西林寺

桓乃為遠復於山東，更立房殿，即東林是也。遠創造精舍，洞盡山美。……復於寺內，別置禪林。

東晉太元四年（三七九）二月，當符丕攻陷襄陽擄走道安後，慧遠與慧持等人離開荊州上明寺，直到太元八年（三八三）他們才到廬山，建龍泉寺及東林寺。這四年左右的時間，慧遠與慧持到底去哪裡了？由於正史與僧傳未載，所以始終是個謎。幸而，近來學界從方志、碑銘、民間口述歷史及寺跡等各方面進行考察，填補了這個空白。

慧遠一生興建寺院至少十餘所，大大小小，遍布大江南北；其中以東林寺最負盛名，其餘則鮮為人知。他們離開僧輔住持的上明寺後，先後在湖北當陽、武昌、益陽及黃梅等地建寺。但是，他在這些地方似乎都無法久留；因為，他心中始終惦記著，以前曾與慧永共約要一起在廣東羅浮山潛修。

羅浮山，自秦漢以來就有「仙靈窟宅」之稱，海天變幻，獨特神異。晉成帝咸和七年（三三二），道教宗師葛洪棲隱此山煉丹，有羽化成仙之說。後趙石虎時期的單道開，曾絕穀七年苦修，證得「不畏寒暑，晝夜不臥」及「日行七百里」，他也於晉昇平三年（三五九）絕塵獨隱於此山。因此，羅浮山是天下仙佛二道嚮往的修行聖地。

這四年所建的寺院，慧遠都留了適合的僧眾住持。他與慧持又帶了一些僧眾，於太元八年（三八三），打算沿著長江東下，從江陵到潯陽（今江西九江），再從潯陽取道廬山，下廣東羅浮山尋找慧永。沿途，披星戴月，行腳江湖，路過潯陽時，見「廬峰清淨，足以息心」，便決定棲隱廬山；豈料，竟在此地與慧永重逢。

他們先後住在龍泉精舍及西林寺；後來，在慧永及桓伊的護持下，建造東林寺。據《高僧傳》載，慧遠居廬山三十餘年：「影不出山，迹不入俗。」不論是內修或外弘，都為佛教做出劃時代的貢獻，而使廬山成了「佛教聖地」與名符其實的「南方德鎮」。

一生建寺，遍及南北

慧遠所建的第一座寺院白人岩禪寺，是慧遠在北方追隨道安時期，回到家鄉所建的，位於古雁門關西面、今山西代縣。白人岩禪寺古稱「靈岩禪寺」，為古雁門八景之一，山徑盤曲，古柏萬株，梵宇淩空，彷彿人間仙境，現在也被列為淨土宗的祖庭之一。

另外，他出生地雁門所在的樓煩寺，據光緒八年《山西通志》載：該寺是「晉慧遠演教地」，而未說是慧遠所建。樓煩寺建於何時不可考；但從慧遠出家三年便能登臺說法來看，慧遠曾回家鄉弘法是很可能的。

興寧三年（三六五）秋天，應習鑿齒之邀，慧遠隨道安來到襄陽。這時期如第二章所言，道安於初到襄陽時蓋了十幾座寺院，同時也指派慧遠蓋了甘泉寺、如珠寺及龍泉寺。

第一座是甘泉寺，位於習家祠後山，很可能為習鑿齒捐獻。甘泉寺附近有臥佛寺，青翠相鄰，兩寺並連為城南幽勝，構成「古寺雲深藏臥佛」的妙境。

其次是如珠寺，古名「如珠山觀音寺」，位於南漳縣南一百二十里，靠近前秦邊境；內奉觀音大士像，其像甚古。

最後是龍泉寺，位於襄陽望處山（今虎頭山）南邊；此處從三國時代就有一條虎溪，道安派慧遠在虎溪旁建龍泉寺。唐代孟浩然的詩句「日暮辭遠公，虎溪相送出」，描寫的場景就是襄陽龍泉寺，而非廬山龍泉寺，因為孟浩然就住在該寺附近。

太元四年（三七九）二月，符丕攻破襄陽將道安帶回長安後，慧遠與慧持一行人離開上明寺來到湖北當陽，並蓋了龍泉寺及育溪寺。慧遠似是極喜「龍泉寺」這個寺名，自己離開襄陽後所建的第一座寺院就取名龍泉寺（位於當陽市區北八點七公里之落龍嘴）。

育溪寺，距離龍泉寺約莫才二十五公里，寺院早毀不存。該寺殘留的部分建築構件及蓮臺座石製香爐等遺物，目前被收藏在博物館內。

當陽的龍泉寺與育溪寺，應該是慧遠南下過程中暫時歇腳處，想來應該沒有恢弘的寺宇。

慧遠離開當陽後，接著來到湖北武昌（即今鄂州），蓋了寒溪寺及西山寺（古靈泉寺）。據學者研究，武昌是江南最早的譯經中心，當時的寺院保留很多梵本佛經，這可能是吸引慧遠前往此地的主因。另外，慧遠又在寒溪寺附近蓋了西山寺，又稱古靈泉寺，據說是根據孫吳皇家暑宮改建。這兩座寺院，與稍後會提到慧遠祈請阿育王像回東林寺有密切關係。

另外，也有學者發現，慧遠從揚子江南下，到達湖北尋陽張家湖時，又於湖北黃梅建立柘林禪寺。據說，在柘林寺輝煌時期，有三棟、四十八間殿堂廟宇，香火旺盛，朝拜香客絡繹不絕。後來因東林寺盛名遠播，慧遠早期駐錫的柘林禪寺，也隨著歷史的消逝而逐漸沒落。

慧遠大師一生從北方弘化到江南，隨其法音宣流，勝緣聚會，從北到南一路建寺。五十歲（三八三年）來到廬山後，除了建設龍泉寺及東林寺外，也與門人親建龍池寺、清泉寺、圓覺寺、中大林寺、上崇福寺、上化成寺（普照寺）及遺愛寺；此外，他也協助弟弟慧持建立天池寺、高良寺、多佛寺；而慧遠弟子曇銑，也在廬山北端的雲頂峰建設大林寺。這些寺宇的興建，代表廬山僧團法緣隆盛，人才輩出，足以分支各地，使廣大群眾奉佛修法。

廬峰瑰麗，靈祕奇絕

廬山位於江州潯陽南面，南臨宮亭，北對九江，西臨鄱陽湖。聳峙於長江南岸，引三江之流，地處水路交通之要會。從東晉京師建康，乘長江舟楫，溯荊州、雍州、益州，或入江西境內，或倘佯於長江及鄱陽湖之際，都能一窺廬山的奇麗。

宋支曇諦的《廬山賦》云：

昔哉壯麗，峻極氤氳，包靈奇以藏器，蘊絕峰乎青雲。……香鑪吐雲以像煙，甘泉涌霤而先潤。

廬山七峰並峙，峭壁萬尋，襟江帶湖，常年煙雲繚繞。山林耕田土壤肥沃，孕育著豐富物種，奇花異草不勝其數，珍奇異獸奔逐山林；苦竹甘甜，松柏流芳。這一個粗獷的原始森林，可說是隱逸之士樂而忘歸的「淨土」，也為往後慧遠數百人的僧團提供了自給自足的後盾。

如果說，「廬山秀奇甲天下」是形容廬山外在景緻之美；那麼，蘇東坡〈題西林壁〉：

橫看成嶺側成峰，遠近高低各不同，
不識廬山真面目，只緣身在此山中。

便是一語雙關道出，廬山人文深幽、靈祕奇絕，猶如識人般的不易。

廬山又名匡山、匡廬與神仙之廬，自古以來就瀰漫著濃厚的宗教與修道色彩，儒釋道三家各富精采傳奇，為廬山增添了瑰麗迷離的氣氛。

九江一帶與廬山等地，自古巫術盛行，巫風瀰漫各階層。《晉書》記載，庾亮擔任九江刺史時，當時著名的巫師吳猛，從道士丁義授其神方，而能以白羽扇畫水渡江。後來庾亮病重，特請神巫問疾；吳猛預卜壽命將盡，亮果然十天內死。此外，豫章民間淫祀眾多，有名的大靈媒為許遜與幸靈；幸靈以為人治病、驅鬼、救邪聞名，就連大官高悝家鬧鬼，也必須出動他才能有效除魅。

總之，生老病死的恐懼始終在人世間揮之不去，求助外力乃人之常情。後來慧遠在廬山倡導念佛求生淨土，雖然以一百二十三位高賢為結社代表，但他與廬山弟子也積極勸導庶民持戒念佛，使百姓由迷信巫術轉入佛門，發願托生蓮邦，解脫生死的恐懼。

此外，在慧遠住錫廬山前，廬山是道教羽化成仙的洞天福地。慧遠所著《廬山略記》一文，曾提到廬山四位傳奇人物：匡俗、董奉、安世高及神僧。

從晉人張僧鑑的《廬山略記》可知，匡俗是周武王時期的人，因為逃避官位徵聘，而隱居此山，深獲時人敬重。匡俗後來修道登仙，只留空廬一座，人們便稱此山為匡山，匡俗也被後人尊奉為道教的「靖明真君」，並在廬山立祠，至今香火不絕。慧遠最讚許匡俗的「遁世隱時」；言下之意是，如果道教徒都可以在廬山修煉成道，佛教更超其殊勝，故奉佛者更當在廬山深修而證道。

另外，東漢到三國的名醫董奉，與華陀、張機並稱為「建安三神醫」。董奉字君異，少年學醫，信奉道教，以道行醫，世稱為仙人。其醫術奇絕，能令人起死回生；例如，交州刺史士燮，中毒身亡三天，居然再度復活。董奉玄異之事，在晉葛洪《神仙傳》中記載很多。董奉後來歸隱廬山，傳出祈雨、治病、杏林植樹及殺蛟等膾炙人口的傳說。

據載，董奉為人治病，不取錢物，只要求重病治癒者，每人栽種五顆杏樹，病輕者則種一棵。經過幾年，蔚成杏林，有十萬棵。山中百蟲群獸，嬉戲林下，並雜草不生，如經人工耕治。等到杏子成熟時，董奉就用稻草蓋了一間倉庫，並對人們說：想要買杏子，不用跟我說，只要拿一罐糧穀倒入倉庫，就可自行帶走一罐杏子。

當時，曾有某人拿走一罐杏，但所付穀子不足，竟出現三、四頭老虎在後追逐；當其慌忙逃走，部分杏子撒落地上，老虎便離去。奇怪的是，此人回家一看，剩下的杏子跟他所付的穀子居然是等量的。也有某人直接來偷杏子，老虎便追到家中將其咬死他；家人趕緊把杏子送回杏林，叩頭謝罪，那人竟然死而復活。從此以後，買杏的人都規規矩矩交易，不敢再有任何欺詐行為。

董奉把賣杏的糧穀拿去賑濟貧苦，或幫助行旅盤纏不足的人；一年發放的糧穀達三千斛，而且倉庫還有剩餘。

董奉醫神傳奇，頗富戲劇張力，曲折離奇的情節中，在在隱含菩薩慈濟世間的精神。另外，慧遠還特別提到「計奉在人間二百年，容狀常如三十時。」可見，董奉隱居修練，童顏鶴髮，神清氣爽，以及化導人心、守戒不渝，遺世教化，正可成為慧遠宣揚禪修與因果業報最佳教材，難怪慧遠也津津樂道。

慧遠所著《廬山略記》中，特別強調安世高「感化湖神」及「神僧淩空」二事，為廬山成為佛教聖地更添色彩。

安世高是安息（伊朗）太子，他是東漢桓帝即位初年（一四七）入華的禪師（「禪觀」之禪，非「禪宗」之禪）與中國第一位譯經師。據傳，他的前世也是安息王子，後來出家學道。他前世有一個同窗道友，瞋心極重，平日修福不持戒。安世高屢勸不聽，師預言他將來必墮惡道，遂發願若自己得道，必當相度。二十年後，安世高（前世）辭行同窗，告知自己將入廣州償還宿債；他到廣州後，果然被一個少年殺死。其神識再次投胎為安息王子，又出家修道，即東漢安世高。

東漢末年（約一七〇），安世高結束譯經工作後，遊化江南，行前曾告人說，當過廬山度化昔日同窗。安世高前世的同窗，死後墮蟒蛇身，轉生為邦亭湖神。這條蟒蛇常興風作浪，導致船難頻傳，並對人們予取予求各種供品；百姓畏其淫威，不得不獻上豐厚的供品，以求趨吉避凶。

安世高來到廬山，湖神看到他時悲泣如雨，並獻上絲絹寶物給安世高，祈求安世高為牠造寺廟及超度，以免死後墮入地獄。後來，安世高便為牠超度，並將湖神之錢財拿到豫章造立東寺，湖神遂得超拔。這天傍晚，湖神變化成一個少年，登船跪謝安世高，從此湖面風平浪靜。

隨後，安世高又前往廣州尋找前世殺死他的少年；此時，這個少年已是六十歲的白髮老人。安世高向老人說明兩人的前世因果，並告訴他不久後要到會稽償還另一條命債。老人這時才知道安世高是得道高僧，便向師父懺悔並獻上豐厚資供，同時隨師到會稽。當他們進入會稽市鎮時，便遭遇百姓鬥亂，安世高不慎被滋事者殺死。老人當場親見安世高兩世償還宿命，從此精進行道，逢人便現身說法，聞者莫不心生警惕，深信佛教所說三世因果、業報不爽之理。

慧遠在廬山唱導時，非常重視因果業報與六道輪迴的啟發；不論是匡俗、董奉或安世高的故事，都是訓勉大眾去惡向善的最佳教材。慧遠透過佛教正見的宣揚及念佛禪觀的實修，使充滿靈祕色彩的廬山，逐漸成為家喻戶曉的佛教聖地。

手杖掘地，清泉噴湧

慧遠帶領著數十位弟子，見廬山清淨，足以息心，便不勝廬山的邀留，決定在此常住並建立僧團。據北宋陳舜俞《廬山記》載，慧遠為了尋找適合建寺的地點，便帶領弟子們訪履林澗，四處勘查，終於找到一個不錯的平地；此時，眾僧身心疲憊，又乾又渴，便在此歇腳，卻找不到一點泉水止渴。慧遠直嘆：「這麼好的環境，竟沒有水源，真的太可惜了！如果要在這裡建寺，僧眾必須到遠處挑水，長久下來必定不勝負荷啊！」

於是，慧遠便率領眾僧，向諸佛菩薩龍天護法祈願：「如果此處適宜建立精舍，當願神力加被，涌現嘉泉！」慧遠便以手中的木杖掘地，只見一泓清泉汩汩湧現，真讓人驚喜交加。於是，眾人就將這股清泉治為池塘蓄水，並在附近就地取材，搭建幾個小茅蓬作為僧團基地。弟子們每日在森林中披荊斬棘，防範著虎豹及毒物等，逐步展開各項執事分工，建立安頓身心之處。

詣池誦經，龍王降雨

在原始森林初建僧團的生活，不僅十分克難與辛苦，還必須面臨種種自然災難的挑戰。所謂精誠所至、金石為開，由於慧遠悲心廣大及眾僧刻苦耐勞，終於感得人神護持，使僧團「關關難過，關關過」。

就在龍泉寺僧團逐漸就緒後，無常又悄悄來臨了。潯陽廬山等地，因許久不曾下雨，農民穀物凋敝，無法蓄糧；人畜飲水困難，疾病叢生；若再不雨，隨時都可能導致焚風燒山。慧遠眼見餓殍遍地，不禁心生悲憫，乾旱夢魘，催促著他再次祈求諸佛菩薩及龍天護法，能慈悲庇蔭蒼生，遠離這場災難。

這天，慧遠帶著弟子們來到池邊為民祈雨，恭敬地展讀西晉竺法護所譯《佛說海龍王經》。佛圖澄在世時，也有幾次降龍祈雨的事蹟；慧遠對龍泉寺情有獨鍾以及祈雨龍族的作為，很可能從道安身上得到佛圖澄的傳承。慧遠畢生蓋了三座龍泉寺，他對這部經典也十分熟悉。

此經是世尊慈悲度化龍族，為其開示十善業道及般若空義的大乘經典。佛在靈鷲山，為八千比丘、萬二千菩薩及天龍八部說法，佛現出瑞應，預告將有不可思議事發生。其中提及：龍王邀請佛到龍宮為海中龍、鬼神、香音神及無數眾生說法。

當佛看到龍宮海族種類繁多，便宣說：眾生種類形貌不同，皆因身口意造作善惡不同。一切法由心想生，本質如幻如化，非固定不變；若能一心思惟、勤修十善業，便能斷除業道之苦。……十善之德，具足十力、四無所畏，成諸佛法。佛又說三種除罪障法：一、觀察緣起性空的智慧；二、心常保持喜悅；三、觀一切法本自清淨與自性空。……

當慧遠娓娓轉讀佛陀法音時，廬山諸有形、無形眾生，彷彿親臨釋迦靈鷲山與龍宮勝會。慧遠觀想作意：願龍王能慈心轉念，降雨興福，自利利他……慧遠琅琅誦經聲，轉讀未畢，池中忽然有一條巨大的蛇狀動物騰空而上，不久後烏雲密布，甘霖普降。為了紀念這段不可思議的祥龍瑞應因緣，慧遠便將精舍取名為「龍泉精舍」。

西林褊狹，山神造寺

東晉昇平二年（三五八），道安在新野分張徒眾時，慧永與慧遠本來要一起到羅浮山修行。後來，道安留住慧遠，慧永便隻身越過五嶺，一路南下。

據《佛祖統紀》載，慧永於晉太元元年（三七六）到達潯陽，遇東晉名將陶侃之子陶範；他與慧永一見如故，對大師神清自若的道氣更是欽敬有加，於是相邀留常住廬山，並捨宅為建西林寺，慧永因此留憩廬山修行。他怎也沒料到，七年後慧遠也來到廬山了。

慧遠與慧永共同修道的願心，讓他們在廬山不期重逢。由於龍泉寺腹地褊狹，慧永便邀請慧遠們共住西林寺。後來，西林寺僧眾越來越多，慧永想到慧遠長久的弘化因緣，便主動為他謀劃建寺。

他對當地的太守桓伊說：「慧遠是法門龍象，現在來自四方的弟子很多，將來必定更多。貧道住處狹小，不夠慧遠師徒居住，您是否能協助？」

桓伊心想，慧遠清雋高解，仿若廬山儀形九流，峻聳天絕；如為立寺，必大轉法輪，普蔭群黎。於是，桓伊便在距離西林寺數百步的廬山東麓，為慧遠建造東林寺。僧祐在《出三藏記集》中描述道：

遠創建精舍，洞盡山美，却負香爐之峰。傍帶瀑布之壑，仍石疊基，即松栽構；清泉環階，白雲滿室。

東林寺不僅有松石點綴、仰觀俯瞰的雅趣，又有瀑流泉聲、共奏和諧樂音的天機；最令人驚喜的是倏忽白雲，遊戲繚繞，彷彿靈山仙境。

喜愛禪修的慧遠，也同慧永一樣，在寺內別置禪林。林中森樹湮凝，石莚落合，凡在禪林經行或仰觀者，莫不感到神清氣肅。慧遠與弟子們在此「棲集隱倫，吐納靈異」，令禪悦法喜滋潤身心，內修與外弘兩得兼具。謝靈運寫道：

朗朗高堂，蕭蕭法庭；既嚴既靜，愈高愈清；

從容音旨，優遊儀形；廣運慈悲，饒益眾生。

清淨肅穆的廬山僧團中，慧遠大師威儀從容、誨人不倦的身影，歷歷在目。當時極力護持建寺的刺史桓伊，實功德無量！

東林寺開山功德主桓伊，不僅是位「文兼武備」的忠臣將領與名士，更是東晉首席音樂家。《晉書》稱譽他：「善音樂，盡一時之妙，為江左第一」。他尤擅吹笛，曾在秦淮河邊與王徽之（王羲之之子）不期而遇，並為他吹奏「仙曲」三調，兩人不發一語，心領神會，成為「魏晉風流」的佳話。而這首笛譜也被後人改編成古琴曲《梅花三弄》，成為傳唱千古的神曲。

另外，淝水之戰的宰相謝安，在他輔政時，因女婿王國寶屢向孝武帝進讒言而受猜忌，導致國政動搖。憂國憂民的桓伊知道後，便藉著在皇宮為孝武帝奏笛之時，慷慨一曲，為謝安解危。其唱詞道：「為君既不易，為臣良獨難；忠信事不顯，乃有見疑患。周旦佐文武，金石功不刊；推心輔王政，二叔反流言。」

桓伊善巧引用古代周公輔佐成王反遭誣衊的典故，暗喻謝安猜嫌受嫉；曲調淒涼委婉，滿座為之動容。孝武帝十分內疚，深覺不應誤信讒言，使忠臣受陷。而謝安不禁淚溼衣襟，哽咽地對桓伊說道：「使君真非凡人也！」

建元十九年（三八三），參與淝水之戰，桓伊以功封永修縣侯，受封為「右軍將軍」。太元九年（三八四）桓沖病逝，由桓伊替任，兼領豫州四郡，官拜江州刺史。當時的江州因長年爭戰，加上連年歉收，民生凋敝。桓伊上任後，即刻上書晉孝武帝，為民請求免徵賦稅。《晉書》記載，桓伊在任十年，能寬恤百姓，梳理荒雜，政績卓越，深得民心，因此受封為「護軍將軍」，後卒於任內。

不論是才情與人品，桓伊都堪稱東晉第一流的人物。他的「大氣才情」及「忘己濟物」的人格特質，與具有「神機獨拔」、「廣運慈悲」的慧遠，頗能相得益彰。慧遠、慧永與桓伊三人，這分殊勝無私的法緣，不僅成就東林寺，更使慧遠得以實現道安賦予他「道流中國」的使命。

東林寺在桓伊的護持下，於太元十一年（三八六），也就是桓伊上任兩三年後建設完成。

東林寺因處於西林寺之東，故名東林寺。該寺的建設，以刺史桓伊為發起人，帶動不少官員、名士及鄉野百姓，爭相獻納，經過幾年方才竣工。太元九年（三八四）桓伊上任時，潯陽因戰爭與旱災，導致地方歉收，農民生活困苦；因此，慧遠在深山構築東林寺，是就近取材的松石禪寺，而非巍峨華夏之宮。這巧構的靈秀，固然相契於慧遠樸實的禪風，其實也與當時社會經濟困難有關。

此外，陳舜俞《廬山記》所載之東林寺「山神造寺」及「神運寶殿」的美麗傳奇，似乎為慧遠解決了建寺的困境。

西林寺地狹不敷共住，慧遠師徒原本準備另覓他地。某夜，慧遠就夢到山神告訴他：「大師請勿移居他方，廬山非常幽靜，正是您棲神養道的佳地啊！」當天晚上，突然狂風大作，雷雨震擊，山崩地裂。第二天清早醒來一看，發現山林土丘竟移為平地，旁邊還有許多上好的大樹倒在地上，不知從何處來，剛好可以做為大殿的棟梁。於是，一傳十，十傳百，大家爭相來看個究竟，「山神造寺」的奇蹟，不脛而走。

刺史桓伊深受感動，於是發心建東林寺，並親自為大殿取名為「神運殿」。現今，東林寺仍有神運殿及出木池等典故遺跡。

《樂邦文類》中收錄北宋文官程俱〈遠法師贊〉云：

法師弘道，實相是談。像浮江滸，神運伽藍。
戒珠義海，聳世觀瞻。肇開淨業，蓮社興賢。

此贊總結慧遠一生對佛教的貢獻；其中的「神運伽藍」，既是東林寺外道場之表徵，更是慧遠師徒六時行道的神聖場域。

阿育王像，虔求自來

阿育王，音譯阿輸迦（Aśoka），意譯無憂，故又稱無憂王；其為頻頭娑羅王之子，是印度孔雀王朝的第三代君主。他的一生被分為「黑阿育王」與「白阿育王」兩個時期。

前半生的「黑阿育王」，為了爭奪王位，據傳殺死了九十九位兄弟、無數位皇族及政敵。西元前二六一年，他征服了羯陵伽國，統一了全印度。這場的殺戮之戰，共有十萬人被殺、十五萬人被俘、數十萬人血肉橫飛。

事後，那哀鴻遍野、仿如人間地獄的血腥畫面，始終如夢魘般揮之不去，導致他身心劇痛。他痛切懺悔，嘔盡穢垢，於即位第九年開始信奉佛教，使孔雀王朝佛教成為佛教王國，並將佛教傳播到世界各地，因此被稱為「白阿育王」

或「法阿育王」。

他對佛教的貢獻，除了廣為布施、建寺、度僧、造像、立塔、樹立石碑、石柱，而且召集高僧結集、註釋經典，並以各種文字銘刻「法敕」，宣傳佛教。此外，他更派遣四眾使團及自己的出家兒女，將佛教傳播到到印度各地以及安息、大夏、埃及和希臘等地，使佛教逐漸成為世界性的宗教。

在中國中古時期，隨著絲綢之路的發達，佛教從印度西域等地東傳，阿育王不僅成為中國佛教帝王的偶像，他在位所造佛像、建塔及分布佛陀舍利，直接帶動中國阿育王崇拜信仰，使各地阿育王塔、阿育王像與舍利供養，如雨後春筍般紛紛出現。

東晉成帝咸和年中（約三三〇），丹陽地方長官高悝，在張侯橋水下挖到阿育王第四女所造的佛像，並供養於長干寺內。原來，這尊佛像是五位僧侶從印度帶回中國的，因戰亂而藏於水邊，之後不知去處；後來，因為佛像夢示，僧人才找到高悝。

神奇的是，佛像的蓮花座，一年後才由漁民張係世在捕魚時打撈到；佛像的背光則是咸安元年（三七一），由交州合浦縣採珠人董宗之在海底拾得，由簡文帝下令綴合，果為尊像所有。

這尊阿育王像因為極富有戲劇性，先是三度於江中放光，村民異地撈得，夢示西域僧侶，後又經高悝與皇帝印證而得復原。種種不可思議的感應因緣，加深了人們對阿育王像的崇拜。

話說東晉名臣陶侃（二五九至三三四）在廣州擔任刺史時，有漁人每晚都見海上放光，便報告陶侃。於是陶侃命人打撈，取得金像一尊。從題記可知，是阿育王所鑄的文殊菩薩聖像。

阿育王為何要造文殊像呢？據道宣《集神州三寶感通錄》載，黑阿育王執政時極其殘忍，曾效法鬼王制定人間地獄，怨暴無比。一日，他以酷刑淩虐僧人時，文殊菩薩忽然現身油鍋中，使火焰化紅蓮。阿育王大驚，深受感悟，立即摧毀煉獄，並造八萬四千塔及種種佛像，以彌補他的罪過。

後來，陶侃便將尊像送到武昌寒溪寺供奉。有一天，寺主僧珍外出前往夏口，當晚夢到寺中發生火災，供佛的大殿卻有龍神圍繞保護。僧珍回到寺院，發現全寺焚燒殆盡，只有佛像與殿堂無殃。本來不信佛的陶侃，因此深信佛像威神不可思議。他後來被調往荊州時，便派使者將靈像帶走。使者出動了數十人，費了九牛二虎之力，好不容易才搬上船。沒想到，聖像與船馬上沉到水中，陶侃竟無法將佛像帶走。

慧遠完成東林寺後，急需尋覓一尊聖像供養於大殿，於是來到江邊虔誠祈請，阿育王像竟飄然浮起，順利無礙地被慧遠請到東林寺。這時，人們都說這是慧遠的神德感召，並非人力所能強為啊！

據說，慧遠在鄂州先建寒溪寺，後因寺窄小，又移到東吳孫權避暑的行宮。當時，慧遠看到行宮遺址附近的石崖有清泉涌出，便將陶侃供養在寒溪寺的文殊聖像移來行宮供奉。後來，泉中有靈光不斷湧現，人們稱為靈泉。於是，慧遠便將行宮改建為西山寺（今古靈泉寺），弘揚淨土法門，後來才前往廬山開創東林寺。

因此，鄂州西山寺與寒溪寺，都有慧遠早期的足跡及禪淨雙修的傳承，也被視為慧遠弘揚淨土宗的發源地。

東林寺興建完成後，慧遠將文殊像由西山寺迎回廬山。據說，到了唐朝會昌滅佛時，菩薩竟不翼而飛；後來，西山寺僧看到後山泉水有靈光閃耀，紛紛傳說文殊菩薩又回西山寺了。

宋神宗元豐三年（一〇八〇），四十五歲的蘇東坡被貶到黃州。次年十月，他與李常同游西山寒溪寺，並寫下《菩薩泉銘》（並序），其中便記有此事：

像在廬阜，宵光燭天；旦朝視之，寥寥空山。

誰謂寒溪，尚有斯泉；盍往鑑之，文殊瞭然。

蘇東坡妙筆點出禪機，誰能明見本來無一物的空相呢？

建般若臺，譯經念佛

東晉十六國時期，西晉滅亡，晉室南渡江左，與北方政權形成對立局勢，持續一百多年之久。

慧遠歸隱廬山期間，政局雖然混亂，但因帝王顯宦乃至販夫走卒全面與佛之故，致使西域高僧紛紛入華譯經授禪；碩學高僧蟬聯遙至鳩摩羅什與慧遠門下，形成「渭水逍遙之苑」及「廬岳般若之臺」兩大思想陣營。

羅什（「鳩摩羅」為姓、「什」為名，「羅什」則為漢地慣稱）在關中的逍遙園，以譯經講論享譽中外；慧遠在廬山的般若臺，又稱為般若雲臺或般若精舍，也有譯經講論功能，還見證了結社念佛與慧遠見佛的歷史。

太元十一年（三八六），東林寺及禪林建設完成後，慧遠又續建般若臺。據《名僧傳抄》載，東林寺竣工後第三年，也就是太元十四年（三八九），十八的寶雲剛來到廬山出家，般若臺正積極建設中。

太元十七年（三九二），慧遠派遣法淨、法領西行求法，並請西域高僧入廬山般若臺譯經，翻譯出幾乎百卷佛經，帶動江東阿毗曇、禪學及淨土的盛行。其中，最著名的便是僧伽提婆與佛馱跋陀羅兩位三藏法師。

約於隆安初年（三九七），寶雲在廬山熏習七年，學行有成。他於此年辭別恩師慧遠，與智嚴、慧簡、僧紹及僧景結伴，共赴西域。兩年後，在張掖遇到法顯等人。寶雲西行，成就斐然，《高僧傳》云：「遂歷于闐天竺諸國，備覩靈異……釋迦影迹，多所瞻禮。雲在外域，遍學梵書；天竺諸國，音字詁訓，悉皆備解。」

元興二年（四〇五），寶雲與智嚴在罽賓請回禪師佛馱跋陀羅，歷經三年抵達長安。後來，佛馱跋陀羅被誣陷，而遭羅什門人擯出長安，寶雲與慧觀等四十人，便於義熙七年（四一一）護送禪師回廬山，師於廬山譯經授禪一年（詳見本書第六章）。

晉安帝元興元年（四〇二），慧遠與劉遺民等一百二十三位僧俗，於般若臺精舍阿彌陀像前，建齋立誓，共期西方。般若臺也成了「注心西極」的淨土念佛堂；慧遠師徒在此深修念佛三昧，傳出不少念佛感應事蹟，「結社念佛」從此風行於各地。到了宋代，慧遠便被推崇為中國淨土宗始祖。

南宋志磐《佛祖統紀》載，慧遠「居山三十年，迹不入俗。唯以淨土，克勤於念。」慧遠居廬山前十一年，曾三見彌陀，但未曾對任何人說；在圓寂前的一個夜晚，他於般若臺東邊的禪窟靜坐，才剛出定，又見到西方三聖與極樂聖境（詳見本書第七章）。

在東林寺建築群中，作為譯經、學法與念佛禪觀的般若臺，在設計上還兼具藝術與文學之美。慧遠曾請人繪製《般若經》中的「薩陀波倫入山求法」及「曇無竭菩薩」等經變圖，以說明般若臺建設目的與廬山學風，是以《般若經》中的常啼菩薩等為典範，具有為求善知識、為證悟真理，不惜犧牲生命的求法熱忱。當壁畫完成後，慧遠召集廬山這群清雅、有風則的弟子們，為經變畫賦詩立贊；現存王齊之的〈念佛三昧四言詩〉，便是當時的佳作，很可能也入畫為壁畫的榜題。

可見，般若臺是一個解行並重與禪淨雙修的場域，呈現出般若美學的建築風格。

築佛影龕，敬圖遺跡

慧遠一生為了弘法度眾，除了從北到南廣建寺院外，也協助或主持不少佛像的造像活動。其中重要的有：在襄陽檀溪寺參與「釋迦丈六金像」的監製與撰寫銘文，同時見證了安師與習鑿齒所鑄鎮海眼大鐵佛。

這兩樁造佛盛事，讓慧遠體會到，佛像不僅是眾生皈依三寶、興福、生善、滅罪的重要載體，更是助成禪觀、成就三昧的重要所緣。因此，他東林寺初建成時先是迎請阿育王像（文殊瑞像），六十九歲左右請人於般若臺造阿彌陀佛像，以及繪製「曇無竭菩薩」等五幅經變圖。鳩摩羅什入關後，北方秦主姚興又供養一批龜茲石刻變相及珠像。

看來，東林寺已有不少佛像，作為弘法度眾及修學念佛三昧都已足夠。但是，在慧遠七十九歲高齡時（四一二），也就是往生前四年，他又大興土木，在背山臨流之處，延匠築龕，繪製佛影；事成隔年，更親寫〈佛影銘〉以贊像詠德，同時也請弟子道秉至建康邀請謝靈運作〈佛影銘並序〉，以刊刻於窟內。可見佛影龕在慧遠心中具有非凡的意義。

「佛影」是釋迦牟尼佛度化毒龍的本生故事。慧遠以前跟隨道安學法時，便曾在經典看到類似的記載；後來又聽一些西域來的游方僧說，印度那伽訶羅國（約在今阿富汗南部賈拉拉巴德城）的南山古仙石室，就是當年世尊留影的「佛影窟」，距離漢地約有一萬五千八百五十里之遠。慧遠當時聽了，便心生嚮往，很想一睹真容。這些西域僧人沒能說清箇中的來龍去脈，所幸佛馱跋陀羅及法顯先後來到廬山，所說內容與慧遠以前聽聞的一樣；而且，他們都曾親歷其境，驗證到佛影的感應不虛。

由於佛馱跋陀羅的指導及法雲的補充，慧遠才啟建開龕造窟、繪製佛影的工程。法顯約於義熙九年（四一三）結夏後到九月前入廬山，「佛影龕」此時已完工，慧遠正著手寫〈佛影銘〉。因此，法顯應來不及參與義熙八年的「佛影龕」開光落成法會。

佛馱跋陀羅後來翻譯的《佛說觀佛三昧海經》中，有完整的「佛影龕」內容。雖然當時此經尚未譯出，但佛馱跋陀羅必然會提及相關內容，甚至極可能傳授觀佛影的禪法。該經詳述「佛影」緣起、觀佛影方法及觀佛影功德；依經中所載，乃龍王祈請佛陀留影，使龍族常能觀佛，止息瞋心，而不墮惡道；接著，大梵天王及百千梵王也恭敬祈請。最後，世尊答允龍王，坐龍窟一千五百年，踊身入石，而留佛影於龍窟中。

至於觀佛影的方法為：

（一）先觀佛像作丈六想，結跏趺坐，敷草為座，請像令坐。見坐了了。

（二）觀想一石窟，高一丈八尺，深二十四步，清白石想。

（三）見坐佛像，住虛空中，足下雨花。行入石窟中，令石窟化作七寶山。

（四）佛像踊入石壁，石壁無礙猶如明鏡。

（五）觀想佛三十二相，相相觀之極令明了。

（六）見諸化佛，坐大寶花結跏趺坐，放身光明普照一切。一一坐佛身毛孔中，雨阿僧祇諸七寶幢；一一幢頭百千寶幡，幡極小者縱廣正等如須彌山。此寶幡中，復有無數百千化佛；一一化佛，踊身皆入此石窟中佛影、臍裡，此想現時如佛心說。如是觀者名為正觀，若異觀者名為邪觀。

因為觀想如來坐時，如見佛身，故能除百千劫生死之罪。以此觀像因緣功德，能於彌勒出世時，見彌勒於龍華樹下成佛，生歡喜心，三種菩提，隨願覺了。

據《法顯傳》載，該國人還傳說，不獨釋迦佛留影於此窟，甚至「千佛盡當於此留影」，更增佛影之殊勝。後來，唐代玄奘大師至印度取經時，也冒著生命危險去禮拜石窟；一開始什麼都沒看見，誦經、禮拜、懺悔後，果然親見佛影殊勝，還因此度化了五個盜賊皈依受戒。在他的《大唐西域記》中曾提到，龍王過去生是牧牛人，因供養國王乳酪，進奉失宜而遭譴責，心懷恚恨，便買華供養佛塔，發願為惡龍，破國害王；後往石壁投身而死，轉生為大龍王，從此興風作浪，使國王不得安寧。

慧遠生於玄奘前數百年，並不會看到《大唐西域記》；但是，玄奘記載這口述歷史，必然是代代相傳，慧遠從西域僧及佛馱跋陀羅等都應曾聽聞。因此，慧遠建佛影龕不只是為了莊嚴道場，更是要以毒龍瞋心墮惡、又造新殃為例，警策四眾應謹嚴持戒，常發善心。此外，末法時代雖不見佛金身，但卻能藉由觀佛影而成就三昧，能見佛聞法、滅罪或種下未來彌勒下生悟道因緣。故而，謝靈運〈佛影銘序〉也稱：

法顯道人至自祇洹，具說佛影偏為靈奇。……雖舟壑緬謝，像法猶在。……廬山法師聞風而悅，於是隨喜幽室，即考空岩。北枕峻嶺，南映瀌澗；摹擬遺量，寄托青彩。豈惟像形也篤，亦傳心者極矣。

可見，佛影龕兼具警惕三世業報、持戒、大乘起信及觀佛等實修功能，它不僅是佛教藝術，而是「傳心」：續佛慧命、發菩提心、行菩薩道及證佛果地莊嚴的佛法境教。

據《出三藏記集》載，東林寺的佛影龕非常單純，成功地複製印度本窟，開龕鑿壁，彩繪佛影變相，沒有其他複雜及附加功能，所以大約一年多即竣工。畫工微妙傳神，加上慧遠對佛影度毒龍的教化闡述及禪觀指導，在當時造成始料未及的空前轟動；又因謝靈運為之作銘，使京師建康（今南京）士庶也掀起一陣「觀佛影」熱潮。

慧遠所著〈佛影銘〉共五首並前序及後跋，收錄於梁慧皎《高僧傳》及唐代道宣《廣弘明集》中，簡介如下——

一、前序：

是以長行說明建造佛影龕的緣起，並以自己見佛的經驗、及法顯等人親述禮拜佛影之不可思議事跡，闡述法身運物度生、觸像而寄的感應之理。

（一）佛影緣起，三次見佛：說明昔日聽聞西域僧說佛影因緣，並感慨一般人往往拘泥於眼前淺陋事物或被煩惱束縛，而無法聽聞及感應到諸佛不可思議境界；他期勉自己，不當悠乎度日，以免錯失開悟因緣。於是，他「發憤忘寢，情百其慨；靜慮閑夜，理契其心。爾乃思沾九澤之惠，三復無緣之慈。」因為日夜精進禪觀，而有三次見佛的感應，感受到佛陀無緣大慈的恩德。

（二）法身無言，感應在己：當他「妙尋法身之應」感應之理時，發現法身雖無言無像，卻能以化身度眾。眾生透過澄思靜慮，「冥懷自得」，能獲感應。法身即「神」，如「日月麗天」，化身如日月「光影彌暉」，光照萬物，而使「群品熙榮，有情同順」。故佛法身無緣大慈，無時空與對象的限制。

（三）道無不在，筌寄萬物：法身筌寄於森羅萬物中，在因緣際會時會以不同的化身應現。法、化二身「原無二統」，如「形影」不一不異，差別只在法身為無間永恆，化身為短暫有間。法身之道，「道無不在」，當以至誠心觀佛影，便能在一心中感應法身應物之慈。

二、五首銘文：

每首銘文約三到四頌組成，每句四言成頌；通篇文藻典麗，莊重斐然，理事圓融，深具佛教禪觀、美學與文學價值。茲將每首大意略述如下——

第一首：描述佛「體神入化」，證法身、出化身，於印度石窟「落影離神」。佛影在幽暗的窟中，遠觀則明，近看只有石壁。各類有情，都來朝禮佛影，獲得不同感應；有時絕跡無影，但法身寂靜恆在。

第二首：說明法身無形無言，眾生難以感受其勸勵。故透過「淡虛寫容，拂空傳像」，具體描繪佛的白毫等三十二相及全身放光，願眾生能知「感徹乃應，扣誠發響」的感應之理，藉禮拜與觀修佛影獲得啟悟。

第三首：慧遠說明自己入定到「罔慮罔識」的境界，於定中見佛，竟然「旋踵忘敬」、忘了禮拜。佛光輝耀，使日月星三光失色，萬象一如，等沐佛光。雖然三塗幽暗，未來不知投生何處，但應深信藉佛威神之力，澄慮靜心，必能開悟。最後，說明佛雖遠逝，幸有聖者傳播佛法，否則眾生的客塵煩惱將無法止息。

第四首：說明佛影事跡也傳播到東土，讓人生起「欣風慕道」之心；故也於廬山複製一窟，藉相寄理，以化育人心。慧遠形容廬山佛影窟的畫技超絕，「妙盡毫端，運微輕素；託采虛凝，殆映宵霧。迹以像告，理深其趣。」出神入化，彷彿佛陀真容再現，讓人大開眼界心胸、體悟箇中蘊含的甚深理趣。整個石窟迴盪清朗之氣；尤其在黎明前，觀佛影時便有「髣髴鏡神儀，依俙若真遇」，佛如於鏡中逼真顯現，就像見到真佛一般。

第五首：說明營建佛影窟的目的，是希望能效法佛陀因行六度及果德證悟法身，能以種種化身淨化凡情。其次，說明禪觀要領與境界是「照虛應簡，智落乃周；深懷冥託，宵想神遊。」最後，期勉自己與眾人「畢命一對，長謝百憂」，終生依教奉行，遠離煩惱，永脫輪迴之苦。

三、**後跋**：

後跋長行說明佛影龕是眾人虔誠與歡喜心成就；雖是人工建造，卻有功德不可思議。

義熙八年（四一二）五月一日竣工，舉行落成開光法會。當時，十方信眾不約雲集而來，「道俗欣之，感遺跡以悅心」，發自內心的虔誠，所以能「事忘其勞」。一些善於筆墨的文士名流，如江州太守孟懷玉、別駕王喬之、常侍張野、晉安太守殷隱、黃門毛修之、主簿殷蔚、參軍王穆夜、孝廉范悅之、隱士宗炳、劉遺民等人，也都為佛影吟詠詩賦銘贊。到了隔年（四一三）九月三日，八十歲的慧遠又將自己寫的〈佛影銘並序〉及這些「揮翰之賓」、連同謝靈運的佳作，請人刻於窟內岩壁上，以祈佛影殊緣流傳後世。

三年後，慧遠圓寂西歸淨土。爾後，代代都有「愛山騎馬入山來」的詩人墨客，往來廬山尋幽訪勝，參訪東林寺著名的傳奇景致，如般若臺、執筆峰、出木池、神運殿、聰明池、白蓮池、十八高賢堂及佛影龕等，為廬山奇秀更添靈妙與詩意。

而今廬山「佛影」靈跡不復，然勝事長存；世尊度毒龍留影的慈悲、慧遠開窟立碑的苦心、眾僧築龕揮汗的辛勞……都是廬山永恆的生命記憶。

第四章、廬山教團・率眾行道

可謂五百之季，仰劭舍衛之風；廬山之嵎，俯傳靈鷲之音，洋洋乎未曾聞也。

四眾歸心，望風遙集

在慧持等人所譯《三法度論》說，真善知識須具「慈悲、善德、才能」三德，缺一不可。若空有慈悲，不善御眾、不能如理說法，則似無德老父；若雖有才能，心地不善、知見不純，便如六師外道，教弟子行惡。無疑的，慧遠圓具真善知識三德；故東林寺建成後，慧遠便以平等慈悲、博綜深智、神逸清氣及御眾德能，攝化東晉無數道俗。

慧遠神韻嚴肅，容止方稜，凡是想來瞻仰他的風采的人，莫不心形戰慄。

曾有一位僧人帶來一柄竹如意，想供養慧遠；在廬山住了一天，竟不敢當面奉呈，便將竹如意悄悄留在慧遠的法座，默默地離去。

另外，也有刻意來山「踢館」的人。據說，慧義法師是一位自視甚高，不輕易屈服的人，他曾對慧遠的弟子慧寶說：「你們都是一些庸才，才會對慧遠如此推服，今天就要你們看我如何跟他辯論。」他到廬山時，剛好慧遠正在講《法華經》，他屢次想提出問難，卻不由自主心驚膽跳，汗流浹背，一句也不敢問。他之後告訴慧寶：「遠公真是讓人驚歎，竟有如此伏物蓋眾的威德力！」

具威德力的慧遠，據道安所立僧制，因時制宜調整為廬山清規，時人稱為「遠規」。遠規既立，慧遠於是「率眾行道，昏曉不絕」，一些謹律息心之士及絕塵清信之賓，也不期而至，望風遙集。謝靈運曾稱讚道：「可謂五百之季，仰劭舍衛之風；廬山之嵎，俯傳靈鷲之音，洋洋乎未曾聞也。」廬山僧眾被媲美為祇園精舍的五百羅漢，以紹繼法華會上「會三歸一」為宗風，可謂江左第一典範僧團。

廬山常住比丘僧有一百多位；這群高素質的僧眾，以持律、禪淨及義學精妙致譽當時，並成為晉末與南宋初江左佛教的中流砥柱。據《出三藏記集》及《高僧傳》等史料，當時約有十多位聲譽顯著的僧眾，包括：慧持、僧濟、法安、道祖、曇邕、曇順、僧徹、慧要、曇恆、道敬、道昺、曇詵、道汪等。

此外還有參學遊方僧。慧皎《高僧傳》曾說：「廬山徒屬，莫匪英秀，往反三千。」廬山法門清峻高廣，學風自由開放，上千僧侶任其來去參學。暫且不說那些偶來參學者，慧遠還有一批跟他因緣深厚的傑出弟子，後來離山求道，呈現另一番修道風格。其中，法領、法淨是授慧遠之命西行求法，寶雲後來也前往西域（詳見本書第六章）。另外，當鳩摩羅什入長安譯經傳法時，慧遠也派了一批僧眾前往參學，他們都算是半個廬山僧員，是廬山掌握長安佛教動態的重要來源；隨著他們參學與弘法的足跡，南北兩地佛法因而獲得迅速的交流、融合與傳播。其中較為知名的參學遊方僧包括：竺道生、慧觀、慧叡、道溫等。

這些知名傳承弟子的事跡，將於第二部分「影響」裡予以介紹。廬山僧團除了上述名僧外，尚有法幽、道恆、道授、慧寶、慧慶等一百多位僧侶。慧遠的廬山教育，基本上傳承道安「大小並學」的圓融學風，而且對年少沙彌或家貧未有世學基礎者，一律傳授儒家六經與老莊思想。在慧遠春風雨化下，廬山人才濟濟，各發天資稟賦；或義解深明、或匡拯眾事、或戒行清高、或禪思深入，悉皆振名當世。

慧遠法乳深恩，造就這批傑出僧侶，隨其法化建康、三吳、巴蜀等地，實踐了道安遺命慧遠「道流中國」的理想。

十八高賢，白蓮結社

慧遠在廬山以「懷仁山林，隱居求志」為道統，加上「內通佛理，外善群書」，所以除了有一波波年輕僧侶相繼依止、問道外，也吸引一批隱士隨學。

這群高士多為當時名流聞達，不惜放棄世間榮華，就是為了與慧遠「共契嘉遁」、深研經義及證得念佛三昧。他們結廬於東林寺外圍，以便隨時親近慧遠問法；居士間彼此友誼深厚、相互砥礪道業，並共同參與廬山僧團的法會、念佛共修、遊山、賦詩、外界書信問答等宗教及藝文活動。

當時慧遠收了一批沙彌及世學不足的僧侶，慧遠便在山中常態性地開講六經及老莊等外學典籍；因此，廬山諸賢除了依慧遠學佛外，也傳承慧遠儒、道二學的精髓。後來，慧遠講《喪服經》時，雷次宗、宗炳等「並執卷承旨」；傳授《詩義》時，周續之與雷次宗也同於座下。

慧遠曾與一百二十三人，同修念佛三昧，建齋立寺，共期西方，成為後人追慕與仿效的對象。中唐以後，逐漸盛行「蓮社」及「十八高賢」等傳說，文人雅士更為此創作出大量的十八賢詩文及畫作；其中最著名的，便是北宋元豐三年，大畫家李公麟（號龍眠）為東林寺繪製的《十八高賢圖》。畫面古意盎然，共三十二人，分成幾組錯落山石間；竺道生執麈尾、兩位梵僧對坐論法、慧持等勘經校義、張野臨流而坐……人物姿態各異，神俊飄逸。

此外，白居易〈春遊二林寺詩〉云：「身閒易飄泊，官散無牽迫；緬彼十八人，古今同此適。」也表達他對遠公等十八賢的欽羨。

《十八賢傳》一書是最早記載著「十八賢」的資料。北宋陳舜俞在東林寺發現這本書，他猜測可能是中晚唐廬山僧人所作。但由於該書文字淺近，內容與史實乖謬處頗多，於是他參考正史及《高僧傳》，粗加刊正後，收錄在自己所撰《廬山記》中。

元代方雅，將十八賢歸納為「六士十二僧」：（一）十二位梵漢僧侶為：

慧遠、慧永、慧持、道生、曇順、慧叡、曇恆、道昺、曇詵、道敬、佛陀耶舍、佛馱跋陀羅。（二）六位高士為：劉遺民、張野、周續之、張詮、宗炳、雷次宗等人。

據學者湯用彤考證，他認為「十八賢」只是傳說，並非事實。因為，廬山結社是在西元四〇二年，但慧持早於前三年入蜀就未曾回山；佛馱跋陀羅是結社後八、九年才到廬山，佛陀耶舍則未曾到過南方。不過，近來研究者認為，應以十八賢的淨土成就及與廬山淵源來看待此事，而並非以加入蓮社的時間判斷；畢竟，般若臺的結社宣誓也只是一種表法，只要發願求生淨土者，都可視為蓮社一員。

慧遠往生時，有佛菩薩及慧持等人接引；佛馱跋陀羅入廬山譯經、授禪、指導建佛影龕，都與大乘念佛觀息息相關（參見第六章）；現今，東林寺仍保有文佛塔，據傳內供尊者從西域攜來的數顆釋迦佛舍利。佛陀耶舍也是慧遠弟子法淨法領請回的四位西域僧人之一，而且與慧遠的弟子共譯《四分律》。相傳佛陀耶舍於長安入定時，曾見廬山山南金輪峰勝境，便於西元四一四年親赴佛陀舍利入山建塔。而他所住的歸宗寺，則是王羲之將他的山林別墅讓給一僧改建。因此，廬山十八賢若少了這幾位，則不知遜色多少。

廬山十八賢中包括六位高士，其中事跡顯著者有五位，即：劉遺民、張野、周續之、宗炳、雷次宗，亦將於第二部分「影響」予以述介。

廬山群賢平時各於自己的茅棚念佛用功，但慧遠也不時會以各種方式提攜他們的道業。慧遠〈與隱士劉遺民等書〉信中提到：

君諸人並為如來賢弟子也，策名神府為日已久，徒積懷遠之興，而乏因籍之資。以此永年，豈所以勵其宿心哉？意謂六齋日，宜簡絕常務，專心空門；然後津寄之情篤，來生之計深矣。

慧遠發現，這些賢善居士雖已皈依三寶、名列四眾弟子修持多年，對淨土卻只是停在感性的希求，並未真正備妥往生資糧。因此，他建議這些居士，在每月的六齋日，應該減少外務、專心念佛，才可能往生西方淨土。

釋迦牟尼佛所宣說的大乘菩薩道，是以取證佛果為目標，可分為難行道與易行道兩種。

（一）難行道：是透過自力，經三大阿僧祇劫，累積波羅蜜而成就佛道，如釋迦牟尼佛「割肉餵鷹」、「捨身飼虎」等本生故事，都是佛陀累世利益六道眾生的菩薩行。

（二）易行道：是透過自、他二力，藉由佛的本願等加持力及自己的精進等力，如《阿彌陀經》云：「不可以少善根、福德、因緣，得生彼國。」眾功德具足後，即能往生佛國淨土，花開見佛，聞佛說法，於淨土中常隨佛學及聖眾教化，而證得無生法忍，成就法身，成熟菩提資糧，永不退轉；然後以神通智慧力，從一國土遊一國土，飛行自在廣度有緣眾生。

慧遠一生對佛教有著多元的貢獻，他對後世影響最深遠的，莫過於首創「結社念佛，共期西方」。如南宋沙門志磐在《佛祖統紀》所云：

佛法起於漢，至晉而益盛；然競演經論，各事專門。獨東林法師，始以念佛三昧之道，開先一時，貽則千古。蓋知其為此土人根，為道之要，故能結社。招賢來名儒，而致高釋；臨終神化，感佛迎以獲往生。斯為一生取證，永居不退之至道也。

漢晉佛教初傳時期，佛教界多半盛行講經說法；但是，從慧遠的師父道安開始，便不只停留在佛教知識的弘傳，而與八位同參及徒眾立誓同生兜率淨土，開啟中國彌勒信仰風潮。

然而，慧遠與道安選項不同；慧遠以阿彌陀佛的西方淨土為究竟皈依處，他是中國第一位建立彌陀淨土教觀二門的僧人。慧遠一生博覽群經，熟悉《無量壽經》及《般舟三昧經》等淨土經典思想；他在廬山修行期間，獨自摸索念佛三昧的行法，配合觀像、觀想佛功德及稱名等三種念佛方法，進行實驗性修持，而親證念佛三昧。

在學修有成後，慧遠從宗出教，開展出一套引導後人往生淨土的妙道，於是始有大規模的結社念佛活動，使淨土信仰從單打獨鬥發展到集體共修，為萬世開啟一條獨特的淨業修持之路。

晉安帝元興元年（四〇二），慧遠六十九歲，入廬峰也將近二十一年。雖已屆耳順之年，卻因禪定持身，而顯得清氣湛然，硬朗神穩。如劉遺民寫給僧肇的信說：「遠法師頃恆履宜，思業精詣，乾乾宵夕。自非道用潛流，理為神御，孰以過順之年，湛氣若茲之勤？」但是，慧遠深知這一切身心世界都是有漏有為之法，色身剎那生滅，難逃老病死；權勢更是虛偽幻化，畢竟無常。

這些年來，廬山外的政治風暴與無常戲碼從不曾停止過，多少叱吒風雲的豪傑，一個個相繼離世；即便是有修有證的高僧大德，依舊要捨報告別娑婆，隨願往生自己心中的淨土。

西元四〇二年三月，桓玄大軍逼入京師，司馬元顯及黨羽被斬。不久後，桓玄竄奪晉權，辭丞相位，總掌國政、內外軍事，並任太尉等要職。為了管控日益興盛的佛教，他先致書向慧遠提出「沙汰僧人」，並勸慧遠還俗任官，之後又提「沙門敬王」的政策。桓玄一連串對佛教的攻難，致使全國僧侶陷入被迫害還俗的恐慌（參見本書第五章）。

桓玄對佛教及僧侶粗暴無理的舉措，讓慧遠感到無比悲慟，他甚至認為簡直是魔王波旬前來挑戰！慧遠為了挽救佛教滅亡的浩劫，他費盡心思，小心翼翼地致書回覆桓玄〈答桓南郡明報應論〉、〈與桓太尉論料簡沙門書〉及「沙門不敬王」等議題後，他決定以集體修行的力量來超越共業的束縛，讓身邊的僧俗弟子明白，三世因果業報隨時現前，五濁惡世終非究竟皈依處，應及早備妥往生西方淨土資糧。

元興元年二月，鳩摩羅什在長安逍遙園翻譯《佛說阿彌陀經》一卷；廬山向來與長安聲氣相通，想必曇邕也不違使命地親送到慧遠手中。該年七月，慧遠召集僧團百位常住僧及劉遺民、雷次宗、畢穎之、宗炳、張野、張詮等「棄世榮華」的隱士，共一百二十三人，於東林寺般若雲臺阿彌陀像前，建齋立誓，共期往生西方極樂世界。慧遠並請劉遺民代寫一篇誓願文，後代稱為〈廬山白蓮社誓文〉、〈廬山結社立誓文〉或〈西方誓願文〉。今將原文語譯如下——

晉元興元年七月二十八日，廬山慧遠法師，因精誠修行，感應不可思議的佛理妙境，故發菩提心，延請能息心五欲、真信西方淨土之士，齊集廬山北麓般若臺阿彌陀佛像前，敬獻香花，共同發宏誓願：

我們這些會眾，已明白因緣幻化之理及三世業報、六道輪迴的真相；也知道在業感緣起的法則下，善惡業報勢所必然。推察至交好友辭世，明白無常迅速之理；審視「現報、生報與後報」三報催促逼迫而來，則深知單靠自力難以超脫六道輪迴。因此，與會諸賢朝夕精進用功，希望能仰仗佛力超離六道輪迴。

不可思議的佛菩薩境界可由一心感應，卻無法透過行跡去求得；至誠感通，必知淨土不離當下一心。心若不誠，感求無應時，修行則渺茫無主，還能憑藉什麼解脫呢？所幸，今日與會大眾都能不約而同歸心極樂，齊聚恭誦佛典啟發深信；當本有覺性光顯時，自然能於夢中感應種種瑞相。

內心慶幸歡喜能有一百多位高賢前來，於是延請畫工繪製彌陀尊像，佛身相好光明，彷若神造，此為心契佛理所感，非人事所能為。這其實也是諸佛菩薩見大眾修道虔誠，於冥冥中加持，使群賢不約而同前來會集。既知如此，我們豈能不更加謹慎約束妄念，精進念佛觀佛，以證得一心不亂呢？

然而，由於每個人根機千差萬別，所修功德也截然不同；雖然大家清晨都同願求生淨土，但是晚上回去後，又被煩惱束縛，而違背往生的願心。這就是我們師友眷屬，感到悲哀與嘆息之事啊！

於是，我們效法春秋諸侯結盟發誓，肅穆齊集法堂，同發平等悲心，深心嚮往極樂，誓願與所有道友同生淨土。與會大眾中若有出類拔萃、捷足先登淨土者，則不應獨善其身於淨土，而忘失救拔娑婆道友的本願；前輩對於後進，也當勸勉大眾思惟往生淨土之妙道。

一旦善根福德因緣具足，便能往生淨土，親見彌陀，轉識開慧，證得莊嚴化身。在七寶池中，乘坐蓮臺沐浴八功德水；於七重寶樹下，傾聽微風吹動瓊枝玉葉，念佛、念法、念僧的法音；身著雲衣，盛眾妙華，供養他方十萬億佛後，再回香風瀰漫的淨土居住。極樂世界的菩薩不求安逸，色身反更華美莊嚴；內心超越苦樂二執，而能禪悅自怡。

修持念佛三昧，往生西方淨土後，不僅使三惡道的種子枯萎，也長辭天道幻化之樂。因此，往生淨土是以成佛為目標，紹繼菩薩行願。從實踐菩薩道的角度來說，往生者的誓願可是弘大難思議啊！

慧遠託付劉遺民所寫的這篇誓願文，可說是傳承與反映慧遠淨土思想的佳作。原文僅有四百餘字，卻包含完整的菩提道次第修學架構——

下士道：思維人身無常，三惡趣苦，皈依三寶，深信業果；

中士道：厭離三界六道，生死輪迴苦；

上士道：發菩提心，修菩薩行。

在在呈現了「厭離娑婆，欣生極樂」及「迴入娑婆度有情」的淨土核心原理。

蓮宗十三祖印光大師，總結往生淨土三要：

第一必須嚴持淨戒，第二必須發菩提心，第三必須具真信願。戒為諸法之基址，菩提心為修道之主帥，信願為往生之前導。

這三項修持要點，大抵都不出慧遠素來強調的清淨戒行及《廬山結社立誓文》的內容。

此次東林寺集體念佛結盟宣誓，不僅可以克服獨修的懈怠放逸、激勵群賢見賢思齊，還提醒不違菩薩迴入娑婆的使命。因此，結社宣誓便不只是一項可做、可不做的善行，而是涵蘊著菩薩戒不捨一切眾生的精神，因而能造就出一個群策群力、和諧互助的僧團。東林寺還時有念佛共修活動，慧遠對每個人的道業似乎瞭若指掌，能針對個別問題給予不同「小參」引導，使人有所突破。

此外，慧遠也鼓勵大家將念佛的心得，寫成詩文互勉並結集成詩集；這些詩的可貴處在於，它不是文人口頭禪的賣弄，而是群賢每日於行住坐臥不忘憶佛念佛、甚至在共修或獨修時徹夜精進念佛禪觀的實修體驗。慧遠還為此詩集寫了〈念佛三昧詩序〉，其中提到念佛三昧的修持法及境界：

又諸三昧，其名甚眾，功高易進，念佛為先。窮玄極寂，尊號如來；體神合變，應不以方。故令入斯定者，昧然忘知，即所緣以成鑑；鑑明則內照交映，而萬象生焉；非耳目之所至，而聞見行焉。於是覩夫淵凝虛鏡之體，則悟靈根湛一清明自然；察夫玄音之叩心聽，則塵累每消滯情融朗。非天下之至妙，孰能與於此哉！

簡言之，修學念佛三昧，首先須深信阿彌陀佛已證法報化三身功德，能應緣度化有緣。其次，以阿彌陀佛聖號為所緣，攝心專念，反聞念佛音聲，逐漸淨化身心，息念入定。定中能超越凡夫肉眼認知，照見自性清淨心猶如明鏡，森然映現萬象，了然世間因果緣起；由定發慧，熄滅客塵煩惱。

可見，念佛行者生前便有「善法樂住」的功德，以此迴向莊嚴淨土，往生後便能蒙佛接引，花開見佛，隨佛修行，證悟法性。

唐末五代以後，祖師們將廬山「建齋立誓，共期西方」的組織，稱為「蓮社」、「白蓮社」或「淨社」等名稱。北宋道誠《釋氏要覽》，總結「蓮社」有四種涵義：（一）東林寺多植白蓮。（二）彌陀佛國，蓮分九品接引往生。（三）蓮社諸賢不為名利所汙，如蓮出淤泥不染。（四）慧遠弟子慧要，刻木蓮華於水中計時，使禮念不失正時。

此外，稱「淨社」是意指：「淨土廣多，遍求則心亂，乃確指安養淨土，為棲神之所，故名蓮社、淨社爾」。

慧遠當年舉辦大規模的念佛集會，不僅為後代提供完整的淨土修持理據，也傳出不少念佛感應、往生瑞相等事跡。例如：劉遺民當生行路見佛、得佛摩頂加持；僧濟夢中見佛，醒後病苦痊癒，臨終正念往生；而慧遠生前三次見佛未說，臨終蒙佛及慧永、慧持等已往生者的接引……

這些念佛產生的靈驗與見證，使人們對「難信之法」的彌陀法門，產生了莫大的信心與鼓舞，從而開啟漢文化圈風行草偃的「結社念佛」活動。如明代蓮池大師《往生集》云：

晉以前，淨土之旨，雖聞於震旦，而弘闡力行，俾家喻戶曉，則自遠師始。故萬代而下，淨業弟子，推師為始祖；可謂釋迦再說西方，彌陀現身東土者也，厥功顧不偉歟。

南宋時期，宗曉的《樂邦文類》與志磐的《佛祖統紀》，都推慧遠為蓮宗初祖。宗曉標列「蓮宗六祖」系譜，慧遠以下為善導、法照、少康、醒常、宗賾。志磐列出「蓮宗七祖」，與宗曉不同處，在於多出承遠、延壽，而除去宗賾。之後歷代追增蓮宗祖師，直到近代公認有「蓮宗十三祖」：是在七祖之下，增加蓮池、蕅益、行策、省庵、徹悟及印光等祖師。

雖然淨宗祖師間沒有直接的師承，淨業修持與領眾風格也不盡相同，但後代祖師對慧遠思想的萃取及結社的推崇，仍是代代相傳。蓮宗十一祖省庵大師給居士的詩，便可看到廬山結社念佛延續到清代的傳承。詩云：

慧遠社裡舊遺民，世外相逢說往因；千里關山兩芒屩，半瓢風月一閑身。
扁舟細雨孤燈夜，殘雪寒梅古寺春；準擬明年修白業，與君同作種蓮人。

可見，慧遠對往生西方淨土教觀及事證有先鋒開創之功，其功德廣大難思、影響深遠，被歷代祖師推為淨土宗初祖，可謂實至名歸！

這次集體宣誓的約盟，應是廬山「結社念佛」標誌性的開始，未必代表往後入山的僧俗不能加入。但是，據唐代佚名所撰《十八高賢傳》載，大名鼎鼎的謝靈運與陶淵明，都是不能入社之徒。

據該書載，慧遠結社之際，謝靈運在廬山「鑿池種白蓮」，而且要求入社念佛，但慧遠以其「心雜」而止之。這顯然是後人增衍的無稽之談；一者不合乎慧遠「情無取捨」的度眾原則，二者低估謝靈運與廬山深厚的因緣。

慧遠建佛影龕時，曾託弟子道秉至建康請謝靈運寫〈佛影銘序〉，顯示對其才華的賞識與倚重。慧遠圓寂時，廬山弟子更邀請他撰寫〈廬山慧遠法師碑〉與〈廬山慧遠法師誄〉兩篇紀念文；此外，謝靈運與慧遠多位弟子交往密切。在在說明謝靈運與廬山的勝緣非比尋常。

虎溪三笑，千古佳話

慧遠歸隱廬山後，於東林寺「三十餘年，影不出山，迹不入俗。」廬山因為慧遠的到來而成為「南方德鎮」，以致達官顯貴往來參拜絡繹不絕。慧遠普渡眾生、等無貴賤，但為了避免盛名所累，他立誓「送客遊履，常以虎溪為界」；這條規矩是慧遠個人的誓願，並未擴及所有僧團成員。他要讓世間明白，僧人是不涉俗事的「方外之賓」，是以內修為重，外弘為輔；豈能捨本逐末，過度逢迎世俗呢？

相傳，某日，詩人陶淵明與道長陸九淵來訪，三人傾心相談，語道契合；臨別慧遠相送，且行且言，不知不覺竟過虎溪界了。頃刻，竹林風動，護寺虎轟然吼嘯，慧遠恍然驚覺，三人遂相視大笑。這就是著名的「虎溪三笑」典故。

中唐以後，隨著詩人墨客不斷的追慕、造訪與尋跡，便產生無數膾炙人口的三笑詩作、繪畫與題跋，甚至遠傳日、韓等國。此外，後人還在東林寺建造「三笑亭」，亭旁並有清代名書畫家唐英對聯：

橋跨虎溪，三教三源流，三人三笑語；

蓮開僧舍，一花一世界，一葉一如來。

東林寺內也立有「虎溪三笑碑」及「三笑堂」，以紀念這則高風逸跡。「三笑亭」聯中的三教，分別以陶淵明（儒）、慧遠（釋）、陸修靜（道）為表法。這三位廬山隱士，可說是三教中最具「魏晉風度」的代表人物，不僅學淵識博、文采斑斕，更是風骨清峻、曠達自在。朝鮮詩人徐居正〈題永川卿畫八首．虎溪三笑詩〉寫道：

不出廬山三十秋，如何來過虎溪頭？
相逢儒老成三笑，千古山門盛事留。

以下，從陶淵明與陸修靜的生平，可以略窺他們與三教的關係。

陶淵明

字元亮，潯陽柴桑人（約三六五至四二七）。自幼「委懷在琴書」，少年「罕人事，游好在六經」，並有高志。他的曾祖父陶侃，是東晉大司馬，封長沙郡公。祖陶茂，武昌太守。父陶敏，安成太守。母孟氏，為桓溫長史孟嘉第四女。

陶淵明的父親在他八歲時過世，故一生未得先人庇佑，仕途坎坷。陶淵明居官十三年，都是卑微小官，但他始終抱著儒家君子治世的圭臬，後因飽受仕途之苦，才解官歸田，因此有人稱他為「醇儒」。

但是，辭去彭澤縣令後，他便過著「晨興理荒穢，帶月荷鋤歸」、「耕植不足以自給」、「孰是都不營，而以求自安」的小農愛家生活。老年回歸故里，更寫下「採菊東籬下，悠然見南山」、「結廬在人境，而無車馬喧」等著名詩句。長達二十二年的園田歲月，他率真、守拙的性格、及「道勝無戚顏」、「身苦有好容」的老莊與佛教生命意境，是人們激賞與仿效的跨時代文人清範，也是迷失於物慾塵網者的一帖良藥。

梁代鍾嶸《詩品》評價陶淵明是「古今隱逸詩人之宗」。然而，綜觀陶淵明的詩文，可見其博引四書五經，老、莊、列諸子及史書、異書，顯示他對儒釋道三教的造詣與兼容並蓄。

陶淵明與慧遠應有往來，這可從慧遠的在家弟子說起。首先，陶淵明的子女與張野有姻親關係。而陶淵明與周續之、劉遺民野並稱「尋陽三隱」，其中劉遺民與他為知己。至於陶淵明為何不入蓮社，也成了一個歷史公案，歸納其因主要有三點：

（一）詩酒人生：據說，慧遠與諸賢結蓮社時曾以書信邀淵明；但是，嗜酒的淵明卻提出條件：「若許飲則往。」不料，慧遠真的答應了。於是，這位率性的大詩人便來到蓮社，不知為何卻「忽攢眉而去」，而成了白蓮社外人。這段歷史雖不可考，但佛家五戒中「酒」為大忌，淵明嗜酒該是他對蓮社保持距離的原因。

（二）戀家難捨：陶淵明三十七歲（四〇〇）時，於江陵任職桓溫部下，期間喪母；次年慧遠於廬山結社時，淵明居家守喪，故不可能參與結社。然而，淵明放不下的實是妻兒。

一日，劉遺民訪他，他寫〈和劉柴桑〉詩云：「山澤久見招，胡事乃躊躇？直為親舊故，未忍言索居。」由此可知，陶淵明雖能忘懷功名，但對親眷始終掛心，不忍入山索居求道。

（三）不信輪迴：陶淵明不信佛教業報輪迴的思想，主張及時行樂的人生觀，如他的〈酬劉柴桑〉詩云：「今我不為樂，知有來歲不？命室攜童弱，良日登遠遊。」

此外，陶淵明作有〈形影神〉三首，認為生命最高的境界是「縱浪大化中，不喜亦不懼；應盡便須盡，無復獨多慮。」這是遵循《莊子》順應自然遷化思想的人生觀。

陶淵明能善用苦境昇華自己的生命境界，是世人可貴的典範；但是，從佛教的觀點來看，他的理悟仍停留在人天有漏的思想，與慧遠所說的「求宗不順化」及「往生淨土」的境界，有天壤之別。慧遠所說的是大乘佛教根本原則：學佛的目的是為了永斷六道輪迴、徹底盡空人我二執，廣行利益眾生的菩薩道，以完成自覺覺他、覺行圓滿的大涅槃佛果。

陸修靜

為南朝宋道教的重要改革與創建者。字元德，今浙江吳興東人（四〇六至四七七），三國吳丞相陸凱後裔。具有深厚的儒學修養，性喜道術，精研玉書（道書）及佛典；及長，有歸隱成仙之志，遂遺妻兒，入山修道。

晉末孫恩盧循之亂，道教禍國殃民，間接促使東晉亡國。為了消弭官府對道教的疑慮與防範，他借鑑佛教與儒家的優點，對天師道進行許多重要的改革：（一）編撰道書《三洞經書目錄》。（二）主張齋戒苦節清素修行及課誦。（三）認為道民受籙後，依其功績修為，才授予不同道階與服飾；對破戒者，依過失給予戒罰。

陸修靜的修為與對道教的洗格，贏得帝王等高階層的崇奉。宋明帝築崇虛館使居之，期間「大敞法門，深弘典奧，朝野注意，道俗歸心。」元徽五年卒，時年七十二歲。弟子奉其靈柩還廬山。詔謚簡寂先生，改稱廬山崇虛館為簡寂觀。

陸修靜入廬山，是在大明五年（四六一）至泰始三年（四六七）。他在崇虛館內還建置全國最完備的道教藏書館，七年間道徒多達五、六百人，香火鼎盛，廬山也因此成為道教聖地。這時，慧遠已圓寂四十六年了，陶淵明也過世二十五年；因此，三人東林寺論道，「虎溪三笑」、執手互別的畫面，顯然並非事實。然而，人們依然津津樂道這段耐人尋味的傳奇。

朝鮮學者鄭惟吉有詩云：「無緣喚我做四笑，俯仰宇宙成長嘯。」這三位大師的人格魅力，讓很多人都想成為三笑中的第四笑。南宋時期，在廬山大闡儒學的鴻儒朱熹也有此番意境，其詩云：「相攜白蓮社，一笑傾夙心。」說明各種差異的人也能「神會心融，德合道契」，而非得格格不入或處處對立。

因此，「虎溪三笑」的哲理之美，便是尊重、欣賞與泯除差異後，所帶來的佛教大圓滿、儒家「世界大同」與道家「無為」的生命境界。

齋會唱導，化俗有功

慧遠在廬山領眾共修的法門，除了念佛、觀佛、坐禪與山水禪外，他也在廬山傳授八關齋戒，使人種下解脫的勝因。

漢魏兩晉佛法初傳時，寺院舉辦齋會主要以宣唱佛名、隨文觀想及禮敬三寶等儀軌進行。到了半夜，眾人都感到身心疲憊，不堪再唱誦禮拜；這時，寺院便禮請高僧大德，講述佛陀或佛弟子的本生或因緣故事，以驅除睡意及啟悟善根。早期的梵唄與講經是在不同場合進行；後來，慧遠發現兩者可相輔相成，便加以結合獨創「唱導」弘法：他自昇高座，說唱並具，來講述齋會大意及三世因果業報。

「唱導」須以梵唄音聲為方便。「梵唄」主要是讚頌佛德，能讓人寂滅外緣，達一心不亂，止斷煩惱。《十誦律》也提到，佛陀特許「梵唄第一」的跋提比丘歌詠梵音，並說梵唄具有「身體不疲、不忘所憶、心不懈倦、音聲不壞、諸天聞唄聲，心則歡喜」等五功德。可見，如法的梵唄，本來就是一種度眾生入道的善巧法門。此外，《長阿含經》則說明好的梵唄當具「正直、和雅、清徹、深滿、周遍遠聞」五種淨德，才能讓人歡喜入道。

無疑地，慧遠具有梵聲五德，以及唱導法師「聲辯才博」四德。慧皎在《高僧傳》釋云：

> 非聲則無以警眾，非辯則無以適時，非才則言無可採，非博則語無依據。至若響韻鍾鼓，則四眾驚心，聲之為用也；辭吐後發，適會無差，辯之為用也；綺製彫華，文藻橫逸，才之為用也；商推經論，採撮書史，博之為用也。

慧遠道業貞華，風才秀發，故能將唱導發揮到最大效果。

廬山傳授八關齋戒的當晚，佛殿燈燭熀燿，大眾旋繞念佛。在齋會時，慧遠宣唱法理，開導眾心：「談無常則令心形戰慄，語地獄則使怖淚交零。」於是，大眾莫不傾心歸仰，惻愴哀傷，五體投地，碎首陳哀懺悔。而後，精神抖擻，慧遠再次領唱佛名，佛聲清亮，響徹廬山靜夜。及至中宵後夜，計時蓮花鐘漏將盡，慧遠便言「星河易轉，勝集難留」，囑咐大眾回寮養息。大眾熏修，道氣凜然，歸慕三寶之情，欲罷不能。

廬山唱導，後來發展為後代齋會的準則，並有專門從事「宣唱為業」的唱導法師，他們都是當時深通音律梵唄且披覽群典的名僧，如道照、慧璩、縣宗、道慧、僧辯等。「唱導」具有應機悟俗、普及佛法的功德，因此慧皎特別列出「雜科聲德」這類的高僧，並推舉慧遠大師為「唱導」的始祖。

第五章　平等度眾・法難護佛

夫稱沙門者何耶？謂能發矇俗之幽昏，啟化表之玄路。……若然雖大業未就，觀其超步之迹，所悟固已弘矣。又，袈裟非朝宗之服，鉢盂非廊廟之器；沙門塵外之人，不應致敬王者。

慈悲善巧，對應權貴

慧遠博學識廣，如海納百川；靜默淵深，如雁過寒潭。這一深一廣的特質，便形成了慧遠獨具的人格魅力，感召各階層都想一叩廬山聲鐘，聽其玄妙鐸音。

他年少時便以「博綜六經，尤善莊老」而為宿儒所稱歎；隨道安出家後，不僅體得安師所傳戒定慧精髓，在襄陽十五年弘化期間，對東晉政局與風土人文更有實際了解。這些，都成了他往後在廬山立身行道的菩提資糧。

當慧遠定居廬山前，已洞悉東晉「王與馬共天下」的政治模式，完全不同於與北方胡族「皇權獨大」及「佛教立國」的情況。東晉朋黨傾軋，人事無常，任依哪方，隨時都有可能陷入困境。因此，師父道安所主張「不依國主，法事難立」的方針，本是不得已的對策，也未必適合因循。

於是，慧遠決定實踐年少「隱居講學」的志願，以「虎溪為界」嚴格劃分入世與出世差異；以出家「方外之賓」的身分，堅守政治中立的原則。廬山僧團便在紹繼道安「持戒清淨，門風嚴謹」的宗風下，得以實踐「道洽六親，澤流天下」的釋迦遺願。

慧遠學貫群經，棟梁遺化，除了有眾多出家弟子與文人隱士皈依座下之外，眾多慕名之士中，更不乏帝王顯宦。例如，當時的北方的前秦國主苻堅與南方的晉安帝，都曾致書表敬；而殷仲堪、桓玄、范寧、王珣、王謐、王凝之、劉裕等重臣，也爭相與慧遠交往；甚至「國寇級」的叛賊首領盧循，更入山朝禮問道及供養。慧遠儼然成為代表南方佛教代表，具有舉足輕重的影響力，時人因此稱他為「山中素王」。

面對這些複雜而棘手的政治勢力，如果沒有過人的智慧與善巧，隨時都可能惹禍上身而殃及全僧團；如果沒有大悲願力與無我空慧，那也不過是政治和尚。但是，慧遠秉持冰雪操節及不卑不亢、不攀不取的原則，慈悲應對顯宦名流，善巧開導眾心，與他接觸的有緣都能得到法雨滋潤。

遠在北方的前秦君主姚興，也慕師風德，致書慇懃，並贈龜茲國佛像，同時請慧遠為羅什譯出的《大智度論》寫序（參見第六章）。此外，廬山僧團清淨的戒行與和合道氣，也使姚興由衷地對三寶起信，甚至下令沿用慧遠的「遠規」來治理羅什的龐大僧團。廬山持戒清名遠播，由此可見。

慧遠不只受到北方國主尊崇，東晉帝王對師也是禮敬有加。元興三年（四〇四）桓玄篡晉被劉裕等平定後，驚恐未定的晉安帝從江陵回京師；路過廬山途中，輔國公何無忌曾勸慧遠下山晉見安帝。慧遠素來不攀龍附鳳，而輕毀「不過虎溪」的持戒與誓願波羅蜜。七十一歲的慧遠以老病相辭，並委婉致信安帝，信中以平常心問候安帝飲食，也感念安帝多次召見及遣使問疾的厚愛；全信平淡真切、適情合宜。晉安帝收信後，也下詔給慧遠，表達路過廬山未能與慧遠相見的惆悵；想到以後見面機會更是渺茫，內心更是萬分遺憾！

面對南北方帝王的厚愛，慧遠以平常心對應，始終遵循「沙門不禮拜王者」的原則，又不失等視眾生的慈悲。

此外，更有眾多王公貴族入山問道，最膾炙人口莫過於與殷仲堪論易，而留下「聰明泉」的典故。

殷仲堪（三九九年卒），精通「《老》、《莊》、《易》」三玄，是晉末有名的獨眼將軍與清談名家，也是位虔誠的五斗米教徒。其以孝道與清廉聞名天下，曾親自照料父親病患多年，不慎藥入眼中，弄瞎一眼。孝武帝非常賞識他，太元十七年（三九二）命他擔任荊益寧三州軍事、荊州刺史等職，鎮守江陵。臨行前孝武帝依依不捨地說：「卿永為朝廷之寶，而忽變荊楚之珍，真讓人遺憾啊！」

據《世說新語》載，殷仲堪也是難得的父母官。雖出身貴族，但飲食簡樸，連一粒米都不敢浪費，常警惕子弟：「貧者，士之常，焉得登枝而損其本？」

在太元十七年（三九二）冬，殷仲堪任荊州刺史時，某次途經廬山，特地入山朝禮仰慕已久的大師。五十九歲的慧遠如逢知音，與殷仲堪共臨北澗，松林論《易》，相談甚歡，日落西山仍不覺疲倦。

仲堪問遠公：「《易》以何為體？」遠公回答：「《易》以感為體。」仲堪又問：「銅山西崩，靈鐘東應，是不就是《易》的感應效應啊？」遠公笑而不答，頗耐人尋味。

殷仲堪所提「銅山」一事，是發生在漢武帝時期。某日，未央宮前殿的鐘忽然無故自鳴，而且接連三天三夜不止，皇帝非常疑惑。東方朔就告訴武帝說：「銅者山之子，山者銅之母，以陰陽氣類言之，子母相感，山恐有崩弛者，故鐘先鳴。」東方朔還預言，五日內將山崩。果然，三日後，南郡太孚傳來山崩的消息，而且災情擴及二十餘里。

《繫辭傳》中也說到：「《易》無思也，無為也，寂然不動，感而遂通天下之故。非天下之至神，其孰能與於此？」其意為，《易》以「寂然不動」為體，當外在因緣變動時，就會有「感而遂通」的連動現象產生。

從慧遠的「法性說」來看，殷仲堪以「靈鐘山崩」說明《易》的感應現象，其實是一種「法性無性，因緣以之生」的緣起感應現象；所以，由某種角度來說，仲堪是答對了。但是，信奉天師道的殷仲堪是否真能理解《易》的體性、乃至於「靈鐘山崩」的感應其實也是緣起性空之理呢？佛道幽遠，緣起甚深，更何況須依「信解行證」，方能契入法性，豈是聰慧的清談名士所能明了？因此，慧遠笑而不答。

事後，殷仲堪法喜充滿，逢人說道：「遠公識見深明，確實不同凡響。」

至今，東林寺玉佛樓後，有一泓清泉四季不涸，人稱「聰明泉」（寺僧稱東林聖水），傳說便是當時兩人論《易》之處。慧遠指泉為喻，讚歎殷仲堪：「將軍之辯，激泠泉涌；君侯聰明，若斯泉矣！」唐太宗曾手書「聰明泉」三字，明代高僧紫柏尊者亦於〈吳城舟中〉詩云：「黃梅未已復紅梅，湞水歌殘吉水來；若使東林堪卓錫，聰明泉冷滌紛埃。」

另外，慧遠僧團的外護顯官中，堪稱為真正之優婆塞者，即是東晉開國宰相王導的洽、紹二子。王洽有二子王珣、王珉。王珣任尚書令時曾造立精舍，支持僧伽提婆及慧持等共譯《中阿含經》。王洽之弟王紹是車騎將軍，曾捨宅為寺，供養邀請覺賢回國的釋智嚴。王紹之子司徒王謐與護軍王默，兩兄弟都非常欽慕慧遠風德，都曾寫信遙敬。

據《高僧傳》載，王謐（三六〇至四〇七）在擔任司徒的期間，曾寫信給慧遠訴說內心的擔憂，他說：「我才剛過四十歲，卻衰老如六十歲的老人。」慧遠回信說：「古人不愛尺璧，而重寸陰；不在乎壽命長短，而在乎為學日增與否。施主您既然能適性修行，乘佛理以御心；從這點來看，又何必羡慕高壽呢？」

比起其他官員來說，王謐具有較深厚的佛學素養，也曾向羅什寫信問法；在桓玄頒布「沙門敬王令」時，桓玄還特地徵求他的意見，足見是奉佛朝臣中的重要代表。

據《晉書．王謐傳》載，謐在桓玄篡位時，曾親解晉安帝玉璽，授予桓玄，為時人所不齒。後來，劉裕平定桓玄之亂，未遭處罰，反受封賞，引起議論。原因是，南宋開國皇帝劉裕未發跡時，出身低微，又有賭博惡習，曾欠三萬錢賭債，被綁在鬧市慘打；王謐為其還債贖身，而且常稱歎他是一代英雄。因此，劉裕掌權，念報舊恩，仍給高位。但是王謐還是「常不自安」，曾一度出奔，劉裕仍派人追回，並委任要職。義熙二年（四〇七），王謐在高位中去世，享年四十八歲。

王謐一代名臣，雖因浮沉宦海，無法真正「乘佛理以御心」，得到解脫自在！但是他因親近慧遠，而立下護法護教之功，卻是不容抹滅的。

慧遠「慈悲善巧，接引權貴」的化風依稀，其堅守道人本分，不攀附世俗、法流清淨的行儀，是代代僧侶永遠的典範。

汰洗僧眾，殃及全國

佛教在東漢明帝傳入中國之後，經三國到西晉，逐漸受到普遍的歡迎與接納。東晉時期，京城建康義學高僧、名尼雲集，建齋講經不輟，佛教在貴族玄學清談社會中興起，深得上層士大夫階層及皇室的支持與信奉，使得江左佛教充滿著風流名士的氣息。

例如，東晉初期京師最具影響力的，以丞相王敦的弟弟竺法深為代表。他出家前是姿貌堂堂的名士，出家後以善講《法華》與《大品》聞名。元帝、明帝、哀帝、簡文帝及丞相王茂弘、太尉庾元規、司空何充等人都親曾臨法席，並對其崇敬有加。

中期的支道林（三一四至三六六），最能以玄學善巧解釋般若思想，使得王洽、劉恢、殷浩、許詢、郗超、孫綽、謝安與何充等一代名流，得以明白佛法的奧妙。郗超曾說：「數百年來，紹明大法，令真理不絕，一人而已！」可見支道林是影響力極大的名僧，方能令東晉上流士族從玄學轉向佛教義理與信仰。

此外，竺法深的弟子竺法義（三〇七至三八〇），博覽眾經而特善《法華》。於京師（江蘇江寧）大開講席，當世名流王導、孔敷等人皆敬為師友，並得孝武帝厚遇。于法開善講《放光（般若）》及《法華》，妙通醫術，多有奇驗。晉哀帝時，累召至京師，講《放光般若》。何默、郗超、謝安與王文度都曾親近並深致推崇。

東晉佛教興盛的特質，除了表現在王公貴族熱衷聽聞名僧講經外，還出現皇帝與朝臣捨宅立寺的風氣；其中，最著名的就是何充家族。

何充（二九二至三四六）是王導的外甥，歷成帝、康帝和穆帝三朝，擔任司空，可謂「居宰輔之重，權傾一時」。主要親近竺道深和支道林學佛修行，被學界稱為「東晉高級官員中第一位真正的佛教徒」。《晉書》本傳說他「性好釋典，崇修佛寺，供給沙門以百數，靡費巨億而不吝。」一生持八關齋，結會誦經，禮敬甚勤；尤其，他捨宅建造江東第一座尼寺建福寺，也被稱為是「開創帝王官宦舍宅立寺之先河」。此後，蔚然成風。他的佛教信仰與好興福建寺，對其家族與東晉佛教有重大影響。

何充之兄何准，是晉穆帝皇后的父親，一生不任官職，唯精勤讀佛經與營治寺廟。他的女兒何皇后，也篤信佛教。她與穆帝對比丘尼曇備的德儀深敬有加，並為曇備建造永安寺（又稱何后寺）。這所皇家尼寺與何充所造建福寺，成為東晉義學比丘尼的搖籃。後來，慧遠的姑姑道儀比丘尼，聽說京都經律漸臻完備，講集相續，便於晉孝武帝太元末年（約三九六），在慧持的陪同下來到京都。後常住何后寺，端心律藏，妙究法理。道儀溫恭謙遜，樸實無矯，深受佛門內外尊崇。

此外，東晉建康都城也出現不少有名的尼寺與名尼，道容及妙音尼甚至具有左右帝王的影響力。

道容戒行精峻，善占吉凶，能預知禍福，世傳為聖人。深受晉明帝、簡文帝與孝武帝三代帝王的尊崇。原本信奉道教的簡文帝，為筮術鬼怪所苦，道容勸其受八關齋戒而得以消弭。簡文帝因此對她深為信任和敬重，並為造尼寺，供養所需，待以師禮，且捐棄道術，敬奉佛法。據說，顯揚崇尚佛道之後成了東晉的世風，正仰仗於道容之力。

當佛教獲得皇室與世家大族支持與認同時，由於上行下效之故，也使得原本普及民間的佛教更為昌盛。於此同時，卻也產生僧尼干政的非議，及眾多為避稅、逃役而出家的弊端。

東晉比丘尼中，妙音以博通內外典籍，及擅長文采，備受晉孝武帝與太傅、會稽王司馬道子的敬重與侍奉。

太元十七年（三九二），荊州刺史王忱去世，孝武帝想以王恭代之。桓玄非常畏懼王恭兄弟的威勢，怕他們獲取荊州要地。他知道殷仲堪比自己弱，容易控制，便遣使賄賂妙音尼，請求她在皇帝面前推舉殷仲堪；後來，孝武帝果然徵詢妙音的意見，便以殷仲堪為荊州刺史。桓玄利用妙音「權傾一朝，威行內外」的影響力，達成政治企圖。他是僧尼涉政的既得利益者，卻也畏懼僧尼勢力的擴展，便想進一步抑制佛教發展。

桓玄（三六九至四〇四），字敬道，又名靈寶，是東晉大司馬桓溫最寵愛的兒子。桓溫是東晉的駙馬，生前權傾朝野，常藉北伐建立政治威望。他曾說：「大丈夫既不能流芳後世，也當遺臭萬年！」桓溫始終有篡位的野心；據說，其晚年遇到神尼點化：「你若謀逆篡位，必遭肢截，不得好死！」嚇得他再也不敢有稱帝的野心。

桓溫死後，弟弟桓沖擔任揚州刺史，五歲的兒子桓玄繼承他的爵位與封地。《晉書》形容桓玄：「博綜藝術，善屬文。常負其才地，以雄豪自處。」因為桓溫生前有篡位野心，所以朝廷對桓玄始終有戒心而不重用。直到太元十六年（三九一）他二十三歲時，才被命為太子洗馬這類無權的閒散官。桓玄鬱鬱不得志，棄官回到他的封國南郡。

荊州是桓氏的大本營，桓家擔任荊州刺史長達數十年，故吏賓客遍及各地。桓玄仗勢門第與家族人脈，甚為專橫，因此荊州刺史殷仲堪及江陵士民對他都十分敬憚。後來，桓溫便透過與殷仲堪交往合作的手段，逐漸奪權、壯大勢力，最後也殺了殷仲堪，然後逐而步實現桓溫生前的篡位之夢。

元興元年（四〇二）桓玄攻入建康，消滅了掌握朝政的司馬道子父子，掌握朝權，自命為太尉。當時處心積慮篡奪帝位的桓玄，急於為自己網羅人才，曾以「震主之威」寫信給慧遠，慧遠則「確然貞固，辭以老疾」。桓玄給慧遠的〈勸罷道書〉說：

夫至道緬邈，佛理幽深，豈是悠悠常徒所能習求？沙門去棄六親之情，毀其形骸，口絕滋味，被褐帶索，山棲枕石，永乖世務。百代之中，庶或有一彷佛之間。今世道士，雖外毀儀容，而心過俗人；所談道俗之際，可謂學步邯鄲，匍匐而歸。先聖有言：「未知生，焉知死？」而令一生之中，困苦形神，方求冥冥黃泉下福，皆是管見，未體大化。迷而知反，去道不遠，可不三思？運不居人，忽然將老，可復追哉！聊贈至言，幸能納之。

桓玄認為佛道深遠，並非「悠悠常徒」所能成就，百世中罕一人得道，何必困苦追求呢？當今的出家人雖然毀形，卻比俗人還不如，何必置身其中？他勸慧遠不應追求冥不可見的來世，應當「迷途知返」；否則，時運不待人，老之將至。桓玄勸慧遠還俗的書信，語多輕蔑，這無疑是對修道人的羞辱。

慧遠認為，桓玄這封信簡直是波旬魔王對他的挑戰。慧遠在〈遠法師答〉的覆信表明，出家是為了解脫生死輪迴及成就佛道，豈有「捨其本懷」之理？人生如白駒過隙，沒有任何人能久留於世，豈能不累積來世的福德資糧？何況「一世之榮，劇如電光」，榮華富貴聚散無常，何足貪戀？但是，淺見之徒聽到這些道理，不是疑惑，便是大笑，這才是迷而不返。慧遠給桓玄來了個當頭棒喝，可惜桓玄為貪欲與知見蒙蔽，善法不入！

從桓玄的信可以知道，他信仰的是道家「氣化論」的思想，認為人的身心都是宇宙氣化而生，死後也是身心俱滅、回歸自然而已；其所執之「氣化論」，如同印度現世主義「人死如燈滅」，不信因果輪迴與業報思想。這種執著己見為勝的「見取見」，導致桓玄只著眼於現世利益，並為所欲為抑佛、誅殺異黨及謀權篡位。

該年不久，桓玄開始第一波抑佛行動。他首先命人抄錄全國各州境內沙門的戶籍，並頒布《與僚屬沙汰僧眾教》，下令沙汰僧侶。理由是：

> 京師競其奢淫，榮觀紛於朝市；天府以之傾匱，名器為之穢黷。避役鍾於百里，逋逃盈於寺廟，乃至一縣數千，猥成屯落；邑聚游食之群，境積不羈之眾。

事實上，佛教從京城普及到村落，自有一定撫慰人心、安定社會的力量。但桓玄無視於此，又刻意放大種種佛門亂象，諸如：京師寺院「奢淫」，佛門聖地成為逃避賦役、刑罰，藏汙納垢之地；四處托缽、不受寺院約束的僧徒，蔚然成眾，嚴重威脅國家經濟與治安。於是當佛教獅子身上蟲被撻伐之際，多數佛門良僧與整體佛教，也深受牽連而難以置身事外。

桓玄認為，只有三種人才是合格的僧人：（一）有能申述經誥，暢說義理者；（二）禁行修整，奉戒無虧，恆為阿練若者；（三）山居養志，不營流俗者。除此之外，一律還俗，納入戶籍管轄。對於深得朝野敬重的慧遠與廬山僧團，桓玄還有幾分忌憚與敬重；在雷厲執行沙汰僧眾時，特別聲明「廬山道德所居，不在搜簡之內。」

但是，當慧遠知情後，他立即寫信給桓玄，於〈與桓太尉論料簡沙門書〉中首先表達，佛教滲入雜穢、偽濫僧日甚，已經很久了；每當想到這些事，總深感痛心疾首。誠然，沙汰之舉，可以使魚目混珠者絕跡，使真正向道的僧人不受牽連，免去虧負信施的譏嫌。但是，慧遠認為，桓玄不應以「高僧」的標準來沙汰僧人，建議以持戒為共同基準，擴大保護三種僧侶：（一）以興福為業，不毀戒律，但未必是阿蘭若行者。（二）雖無法講經說法，但以誦經、梵唄為行持。（三）老年僧人，既無法禪修、諷誦或興福，但心性貞潔正直。

慧遠的建議十分重要。因為，這三類僧人是佛教最廣大的僧群，也是佛教普及民間的力量；況且，法門深淺或行持驚世駭俗，跟開悟之速遲，沒有必然的關係。

此外，慧遠也一再提醒桓玄，必須謹慎其事；因為，光憑外貌行跡，其實也很難判定僧侶的真偽。尤其，最讓慧遠憂心的是，有些偏遠地區的官員，如果識見低劣或一意孤行政令，都可能使無辜僧侶遭殃。另外，那些族姓出家的子弟者，本非役門，都是世奉佛法者；若有年少欲出家者，實不應列入沙汰行列。寧可在他們出家前，先行審定認可，以免日後生疑。

最後，慧遠對桓玄曉以大義，希望他能效法外國諸王，多參懷聖典，與時俱進，協助弘揚佛法與扶危救弊。

在桓玄威霸、不可一世的政局中，慧遠不因廬山倖免而置身事外，他審慎地為桓玄分析所有沙汰僧人的利弊得失，從而提出具體改進與預防之道。桓玄見識到慧遠宏觀的眼界與精密的思慮，但他似乎沒有完全採納慧遠的建議。

總之，「沙汰僧人」事件雖然殃及全國，但還不至於演變成毀滅性的「滅佛運動」。而慧遠挺身護法的勇氣與清高的人品，激勵與感動無數的僧俗，所以羅什稱譽他為「東方護法菩薩」；廬山嚴謹的僧團制度，也成為後代僧界學習的典範。隨著「廬山清規」流布到各道場之際，純正的佛教得以在民間繼續發揮度世的功能；這為後來的南朝佛教，奠立了繁盛的根基。

桓玄問難，沙門敬王

說明桓玄提出的「沙門敬王」之前，在此先回顧桓玄第一次與慧遠相見的情形。

話說隆安三年（三九九），桓玄才三十歲，他率兵要殲滅殷仲堪，想佔領荊州等地。途中他路過廬山，要求慧遠下山會面，慧遠稱病婉拒。慧遠「不過虎溪」早已名聞遐邇，桓玄恨不得見廬山真面目，只好親自上山。

事實上，桓玄內心對慧遠有所敬重，是因為竺法汰患重病於荊州時，其父桓溫任刺史，對法汰甚為愛敬護持；慧遠奉師命探病，辯破道恒「心無義」說，勝名遠播。這些都是桓玄童年時，來自父親的口述記憶；百聞不如一見，正是桓玄想見慧遠的理由。

慧遠儀表端整，風彩灑落，合乎魏晉名士風度。桓玄好不容易上山，一見頗為心儀。慧遠骨子裡散發一股嚴肅、與剛正不阿的神韻，讓桓玄肅然起敬，便不覺向慧遠禮拜。

年少自負的桓玄，很不客氣地向慧遠問道：「身體髮膚，受之父母，不敢毀傷，孝之始也。大師難道不知此理，為何剃髮出家呢？」慧遠答說：「出家是為了立身行道！」桓玄一驚，便不敢再提出其他問難。打開話夾子，直說自己此行是為了討伐殷仲堪而來。

慧遠以「聖默然」，表明方外之賓不涉政治的超然。

桓玄不敢再談他事，便問慧遠：「您對我有什麼願望嗎？」慧遠說：「我望施主您安然無恙，也希望殷仲堪能化險為夷！」。

桓玄聽後，心頭一驚。下山後，忍不住對左右的人說：「我平生從未見過這樣的高人！」

此次桓玄親見慧遠廬山真面目的高妙後，便寫信勸慧遠罷道任官，慧遠嚴厲拒絕，前已說明。接著，他在大肆執行沙汰僧侶後，似乎仍感到佛教勢力對王權的威脅。為了挫折東晉龐大的僧數，他將六十年前庾冰提出的「沙門敬王論」，舊瓶新裝，對佛教展開第二波猛烈的攻勢。這使得慧遠「深懼大法之將淪」，於是再度挺身護法，因而留下了〈答桓太尉書〉和五篇傳誦千古的《沙門不敬王者論》。

東晉發生兩次提出「沙門敬王」，在中國佛教史無先例；表面是王權對僧權的干涉，背後則是中國傳統文化與佛教教義的衝突。

第一次是東晉咸康六年（三四〇），庾冰為年幼的成帝輔政，庾代詔「沙門應敬王者」。庾冰尊崇儒家名教，認為萬乘之君與區域之民應有尊卑之分，才能治國不亂；而沙門也是晉國人民，故應守尊卑、行君禮。

但是，尚書令何充是虔誠的佛教徒，他與朝廷護佛官員則強烈反對，理由是：沙門不禮君王是釋迦牟尼佛所立戒律，佛教傳入中國後從漢魏到晉朝，都是沿襲佛祖這項規定，沒有人有異議。另外，何充也認為，佛教的戒律能規範言行，僧人遵循戒律實有助於君王統治。

何充最初為王敦部屬，稱王導為姨父，與晉明帝為連襟，早年即歷顯官，屬於琅琊王氏政治體系。由於大批護佛浪潮，加上王氏政黨勢力終究勝過庾氏的情況下，庾冰就不再堅持己見，「沙門敬王」暫時落幕。

第二次是元興二年（四〇三），大約是桓玄篡位前的半年，他再次下令沙門一律禮拜君王，企圖將王權提到最高點，以便日後他能「君御天下」。據《弘明集》載，他首先致書朝廷「八座」（八個文官部門首長）共同參議；此外，桓玄特別寫信給領軍將軍王謐，徵詢他的看法。

王謐是王導的孫子，是桓玄的心腹重臣，也是位虔誠的在家居士，師事慧遠，有深度的佛學素養，陸澄《法論》目錄記載他向鳩摩羅什問法的二十六篇書信。他以佛教護法的身份，與桓玄三番書信論辯；但是，不論是尚書令桓謙或王謐的反對意見，都難以說服桓玄。

最後，桓玄將〈與八座書〉等書信，全部寄到廬山給慧遠，故意試探這位南方僧界標領的意見。他在信中說道：僧人抗禮帝王，於情於理都說不過去，這是「一代大事」，現在將這些意見呈法師過目。

七十歲的慧遠看完書信後，深感「智幢之欲折，戒寶之將沉」。他以無比沉重的心情寫下〈答桓太尉書〉：

> 夫稱沙門者何耶？謂能發矇俗之幽昏，啟化表之玄路；方將以兼忘之道，與天下同往，使希高者挹其遺風，漱流者味其餘津。若然雖大業未就，觀其超步之迹，所悟固已弘矣。又，袈裟非朝宗之服，鉢盂非廊廟之器，沙門塵外之人，不應致敬王者。

慧遠首先表明，僧侶的任務是使人轉迷為悟，讓人生起對三寶的信心及受用法益；即使還未能大澈大悟，光是這樣超俗的發心，本身就是在弘法，就足以啟發很多人悟道。再者，出家是遠離世俗紅塵之人，僧人的袈裟並非朝廷官服，進食的缽具是法器而非宮廷食器，所以不應像老百姓一樣跪拜君王。

信末，慧遠還表達，自己已近西垂之年，所看重的並非個人，而是希望「三寶中興於命世之運，明德流芳於百代之下」。他同時告誡桓玄，一旦實行沙門敬王，則「佛教長淪，如來大法於茲泯滅；天人感嘆，道俗革心。」

桓玄收到這封信後，雖然沒有放棄自己的想法，但躊躇了許久，一直沒有執行。一方面是出於對慧遠的敬重，不敢輕易冒犯廬山僧團，以免朝野護佛釋徒群起攻之；另一方面，主要是他的政治寶座還沒坐穩。

桓玄剛入京當權時，曾大力整肅司馬道子父子腐敗的朝風，罷黜宵小、任用賢能，政局漸趨好轉，京城一時歡欣鼓舞。但是，不久他得意忘形，凌侮朝廷，政令無常，故令民心失望，思叛者多。

元興二年十二月，桓玄篡位成功，正式稱帝。不久即下詔：佛法宏大，淵深莫測，從民奉主的立場來說，本應禮敬帝王；但現在事關乎己，宜盡量謙光，眾僧人可不再禮敬帝王。

沙門敬王就這麼匆匆撤令，這主要與他稱帝後政局不穩、不想多生事端有關；但是，深究內在原因，則與他朝令夕改、好行小惠、喜歡炫耀才學及大貪五欲的習性有關。史家批廷桓玄為政繁苛，無法貫徹，以致一事無成；「沙門敬王」一事，應該也是賣弄文章後，「雷聲大雨點小」的事例之一。

桓玄稱帝後，遊宴無度，徭役繁重，督迫嚴促，致使百性愁苦，紛紛思亂，不久便被劉裕等人推翻，結束了僅僅八十天的短命王朝，而他的「沙門敬王」也隨之落幕。

事過境遷，晉安帝也重新被迎回帝位後。慧遠想到前賢及自己先前匆忙所寫抗禮理由，似乎不夠圓滿。晉安帝元興三年（四〇四），七十一歲的慧遠已經預料到後世仍不免歷史重演，於是苦心撰述《沙門不敬王者論》五篇，以佛教本懷，力申出家不跪拜君主的理由，成為後代僧人抗禮的理據。從此，沙門能夠不行世俗君王之禮，超脫世外，實慧遠之功！

沙門袒服，備受質疑

中國素以「禮儀之邦，衣冠上國」為傳統，《易傳·繫辭》云：「黃帝堯舜垂衣裳而世界治，蓋取諸乾坤。」說明古來衣冠不只是蔽形、禦寒或美化功能，更是區分社會等級與維護政權的一套制度。

從西周開始建立「禮樂制度」，專設「司服」掌管服飾制度，以不同的冕服材質、顏色，標識文武百官的地位，塑造社會等級。到了漢代，冠服制度臻於完備，歷代正史都有〈輿服志〉，以實行上至帝王、顯官下到庶民百姓各階級服飾的管理，以建立「貴賤有等、衣服有別」森嚴的封建秩序。

可見，藉服飾表尊卑，目的是使人民讓而不敢僭越，達成社會控制。《管子・形勢》云：「言辭信，動作莊，衣冠正，則臣下肅。」進一步說明，「衣冠之制」與「搢紳之容」是政治階級與秩序的重要表徵。

曹魏末年皇室昏庸腐敗，司馬氏弄權行徑卑劣，竹林七賢以「越名教而任自然」，挑戰儒家衣冠制度。例如，阮籍「裸袒箕踞」，劉伶在家裸奔、「以天地為棟宇，屋室為褌衣」，藉詩文及任誕行為，表達對儒家與政治偽善的不滿。

兩晉時期由於五胡亂華、政治無序動亂，儒家名教被知識分子視為「篡亂」的政治工具，清談玄學與佛教盛行，人們的思想展現空前的自由奔放。一代書聖王羲之「東床袒腹」，被時人稱美為風流；而東晉謝鯤、桓彝（桓溫之父）等「江左八達」（謝鯤、桓彝、畢卓、王尼、阮放、羊曼、阮孚、胡毋輔之等八人），自稱繼承竹林七賢，散髮裸袒，高談闊論，閉室酣飲，為衛道人士所不恥。

許多大儒如范寧、虞預、干寶等，紛紛指責知識分子「終日清談」與「離經叛道」的行為。范寧甚至認為，西晉亡國「其源始於王弼、何晏，二人之罪深于桀紂」；虞預歸咎阮籍「裸袒荒誕」的行徑，是導致「胡虜遍於中國」的原因；陳頵則要求王導要嚴禁「莊老之俗」的風氣。

竹林七賢與八達前衛大膽的作風，是東晉儒家保守派所嚴厲抨擊的；在此背景下，僧人薙（剃）髮、踞食、袒服，也同樣被視為異端。

從佛門的典章制度來看，薙髮與袈裟是僧人的出離與行道的標誌。早在後漢安世高譯《佛說阿難同學經》便說：

> 族姓子，剃除鬚髮，著三法衣，已信堅固，出家學道，修無上梵行，盡生死原，梵行已立，所作已辦，更不受母胎。

另外，晉隆安二年（三九八）僧伽提婆應慧遠之邀，與慧持共譯的《中阿含經》亦云：

> 若剃除鬚髮，著袈裟衣，至信、捨家、無家、學道者，必得如來、無所著、等正覺，名稱流布，周聞十方。

可見，佛教的出家剃髮與變服，是為了能捨離對我與我所的執著，從而解脫生死輪迴，成就佛道。然而，這些佛門基本常識，卻非教外人士能普遍理解與認同的。

早在三國孫吳赤烏十年（二四七）時，康僧會剛從交趾到建康（今南京）時，當時人們因沒見過僧人，「疑為矯異」。康僧會當時的穿著，是釋迦佛時代相承不變的傳統袈裟，其三衣（出家眾可擁有的三種架裟）是一塊大布裹身、裸露右肩背的樣式，也就是現在南傳僧侶如泰國、緬甸及斯里蘭卡等地僧侶的穿著。這樣的裝束，在古人看來簡直是奇裝異服。

一百多年後，晉末的江州刺史何無忌（四一〇卒），也是一位維護傳統儒家禮法治國的公卿。元興三年（四〇四）何無忌侍衛安帝從江陵還京時，他曾勸慧遠下山迎帝，慧遠稱疾不行。義熙五年（四〇九）左右，加封鎮南將軍的他又寫信給慧遠，表達沙門袒服違逆儒道聖人禮法，並建議適時改革。《弘明集．卷五》收錄了慧遠〈沙門袒服論〉、何無忌〈難袒服論〉及慧遠〈答何鎮南難袒服〉三篇書信。

據《晉書・何無忌傳》，何無忌是鎮北將軍、北府兵名將劉牢之的外甥，可說是晉末文武雙全、忠亮任氣的難得良將。義熙六年（四一〇）三月於盧循之亂中，不幸為徐道覆所敗，卻能不屈無撓、不負君命地赴死。

首先，何無忌從傳統儒家與道家禮制立場，問難：「沙門裸露右肩袈裟，出自佛教，是否合乎禮法？」

慧遠當時的回答，有其歷史背景。佛教傳入中國從漢到東晉，不論胡僧、漢僧，都是穿著佛教世代相傳、裸露右肩的袈裟，就像現在的南傳僧服樣式。在慧遠看來，不論是佛圖澄與道安僧團龐大僧數，或是他所交往的鳩摩羅什、覺賢、僧伽提婆等異國高僧，大家都是穿著佛陀時代至今的三衣樣式，他沒有理由任意改變僧服。其次，在戒律中有很多三衣的規定；向來持戒精嚴、大小等持的慧遠，也認為必須謹守而不變。再者，在經律典籍中也提到，佛陀制訂偏袒右肩的袈裟，有各種神聖與修道義涵。

慧遠引經據典，精闢地答覆何無忌的疑惑，並讓後世明白傳統三衣袈裟的甚深內涵（參見本書「影響」部分）。

何無忌欽重慧永與慧遠師兄弟，後來也成了慧遠僧團外圍的大護法，《高僧傳》說：「鎮南將軍何無忌作鎮潯陽，陶爰集虎溪，請永及慧遠。」義熙五年（四〇九），他以地方最高長官的身分，供養慧永與慧遠僧團一百多位僧眾，見識到慧遠弟子「端整有風序」、「高言華論，舉動可觀」的威儀，還有慧永「衲衣半脛，荷錫捉鉢」的清散之風。

何無忌對慧遠僧團有這份供養之心，說明他對佛教的友善；因此，不論是他勸請慧遠下山迎帝或袒服難問，都沒有桓玄的倨傲無禮及對佛教的刻意打壓。所以，慧遠覆信也只是據理說明，而沒有「懼大法將滅」的無奈與悲懷。

慧遠之後，中國僧人的服飾又歷經數次挑戰，如竺道祖《魏錄》所說：「魏宮人見僧袒一肘，不以為善，乃作偏袒縫於僧只支上，相從因名偏衫。」可見，在中國衣冠文化的視野下，人們始終難以接受僧人裸露右肩的穿著。之後，中國發展出農禪生活，傳統五衣在日常作務仍感不便。因此，僧服經過許多中國化變革，才發展成現今僧俗所認同的大袍、有掛勾的袈裟與長衫等樣式。

何無忌〈難袒服論〉建議僧服改革，反映了他似乎比常人有先見之明，也難怪《晉書》史臣稱歎他為「氣足以冠時，才足以經世」的奇士。

情義深重，不捨盧循

晉孝武帝即位時期，由於稅賦改革與謝安當國，被稱為東晉末年的復興。但是，謝安死後，司馬道子掌權無度，加上晉孝武帝末年嗜酒成性、「醒日既少」，個性優柔寡斷，導致東晉政局再度陷入混亂。由於民間長期飽受國家及大族的雙重剝削，於是在隆安三年（三九九）爆發了歷時約十一年的「孫恩與盧循之亂」。這兩次的農民武裝起義，都曾威脅東晉京師建康（今江蘇南京市），也加速了東晉的滅亡。

在這段黑暗時期，影不出山的慧遠，卻無法迴避與民變盜賊的接觸；原因是，同窗好友盧嘏之子盧循這號國寇人物，竟登門拜見慧遠。

敘述盧循之事前，應先說明孫恩的來歷。孫恩（四〇二年卒）是盧循的大舅子，出身琅琊（今山東臨沂）孫氏低等士族。其人有仕宦之才，頗富文采，《隋書．經籍志》中有《孫恩集》行於世；又雅好書法，亦收藏王羲之父子真跡。但是，由於祖輩不顯，出身門第不高，使他難以高攀入仕，成為江左名流。

孫恩的叔父孫泰，為人浮狡有小才，拜錢塘著名的通靈道士杜子恭學祕術；孫泰得其祕傳，成為五斗米道教的大教主，並以道術誑誘百姓，使人們對他「敬之如神，皆竭財產、進子女，以祈福慶」。同時，他也結交太子少傅王雅等權貴，甚至被孝武帝任命為輔國將軍、新安太守。在門閥高峻的時代，他以曲徑力求掙脫寒門，使琅琊孫氏獲得高層與廣大庶民的尊崇。孫恩、盧循也起而效之，想沿著這條暗道，一路扶搖直上。

隆安元年時，兗州刺史王恭起兵叛亂；孫泰宣稱晉朝將亡，次等士族即將出頭，招集三吳（泛指江蘇南部地區）數千人討恭。後因事跡洩漏，被朝廷所殺。孫恩逃至今舟山群島，藉機宣道聚眾。

東晉末年，由於上游的荊州、襄陽、雍州等八州皆為王恭、殷仲堪、桓玄等人把持，朝廷所能控制者唯有揚州等地。西元三九九年，十八歲的司馬元顯才剛從父親司馬道子手中奪取朝權；為了要成立一支皇家軍隊抗衡門閥掌控的北府兵，他以「發客為兵」，強招大族的佃客為軍。但是，這項措施卻瞬間引發民怨沸騰。因為，那些剛從奴隸轉為佃客的農民，才稍獲得一半的自由與經濟權，卻被降為低級士兵；而且，離鄉背井從軍，地主的莊園也頓失人力。

孫恩眼見「東土囂然，人不堪命」，便趁機反晉。他繼承孫泰為五斗米教教主，宣稱與貧苦者同在，並唯有神明方能解救人民苦難；於是，當「起義」號角吹起，四方泉湧奔附。義軍先從海島登陸進攻上虞（今浙江上虞）；殺縣令後，立即調攻會稽（今浙江紹興）。

當時，王凝之（王羲之次子）擔任會稽內史，妻子謝道韞與五子都跟隨在旁。謝道韞是謝安的姪女，姿才秀遠，是當時名滿天下的第一才女。而深信五斗米道的王凝之，面臨大軍壓境，不積極備戰，卻是走進道室求神祝禱，出來向眾人說：「吾已請大道，許鬼兵相助，賊自破矣。」謝道韞實在不能認同丈夫自恃「神鬼相助」的迂腐行為，因屢勸不聽，只好召集數百名家丁，天天練武防備。

不久後，孫恩進據會稽，並未因王凝之同樣信仰五斗米教而寬饒他，王凝之與四子同時被殺。謝道韞鎮定自若，大有謝安臨危不亂的風采；她親率家眷部屬，持刀奮力抵抗，後因寡不敵眾，為孫恩所擄。殘暴的孫恩，因欽服謝道韞的俠情，而釋放謝道韞及其外孫。

發展至此，王凝之的死，不僅象徵瑯琊王氏的衰敗，也是東晉門閥世族徹底崩潰的前奏。

不到十天內，會稽、吳郡等八郡（今浙江大部和江蘇東南），竟有數十萬民眾瘋狂毀滅世族莊園與殺戮官員，以響應孫恩的「起義」。許多名門官宦，如吳興太守謝邈、永嘉太守司馬逸等，也都慘遭誅殺。

孫恩據會稽後，便自封征東將軍，並稱起義軍為「長生人」。義軍包括不少上層地主、南下士族及三吳等地的大量農奴與貧民。這支混雜道教神威的起義軍，因素質參差、無軍律約束，加上胸懷積怨不滿，使原來的起義很快變成橫行殺掠，官民嬰幼無一倖免，所劫珍財寶物與女子，得未曾有，更增貪暴惡業，並準備順勢進攻京城建康。

朝野一時震驚不已，趕緊派度當年淝水之戰名將謝安次子謝琰與北府兵將領劉牢之前往鎮壓。義軍連敗，孫恩率眾二十萬退入海中。為嚴防孫恩再度騷擾沿海，朝廷派遣謝琰擔任會稽內史、都督五郡軍事；謝琰卻因大意輕敵，後與二子同時殉難。謝琰的死，讓朝野再度驚慟不已；這是繼王凝之死後，給江南世族再次無情的打擊。

後來，孫恩被劉牢之及劉裕幾次重挫，氣數將盡。西元四〇二年三月，孫恩被劉裕所敗，投海而死。信徒認為他已成水仙，故有一百多人相隨投水。

孫恩死後，義軍共同推舉他的妹夫盧循為首領，繼續戰鬥。盧循是范陽大族盧氏之後，祖上七代皆在朝廷為官。其先祖是東漢著名的大儒盧植（劉備和公孫瓚的老師），曾祖父盧諶也因「才高行潔，為一時所推」而任西晉司空從事中郎。盧諶好莊老，擅長書法與詩文。西晉滅亡後，他先後在劉琨與胡族手下為官；石虎執政時雖官拜中書侍郎、國子祭酒、侍中、中書監等高位，卻深以仕胡為恥，經常告誡子孫：死後只留西晉「司空從事中郎」的頭銜。

盧諶仕趙期間，正是慧遠青少年遊學許洛之時，他與盧諶的孫子盧嘏是同窗好友。後趙滅亡，盧諶不幸為冉閔所殺，盧嘏則隨父親盧勛及族人南渡；但因為沒有先祖餘蔭，盧勛、盧嘏與盧循三代在京口仕宦無途，於是轉往他處。盧循後來遇到孫恩，便娶其妹為妻。

據學者研究，盧循家族後來可能信奉五斗米教；否則，以范陽盧氏的奕世高華，必不連姻於妖寒之孫氏。也有學者認為，慧遠的同學盧蝦在渡江南後，可能受到姻親孫泰德影響，從事道術活動。

於是，盧氏儒學家風，在「婚宦失類」與門第低落的情況下，使玄風吹皺，而質變為道教；這時，盧氏的家風就在儒學、老莊基礎上，混雜了五斗米道教信仰。這樣複雜的文化因子，便造就了盧循這號亂賊的誕生。

盧循相貌風神俊秀，有著正統的文化薰陶，善棋奕，工草隸等書法，頗具名士風采；再加上骨子裡滲透孫泰、孫恩等神道法術，使得他具有惑人與聚眾的本錢。

元興元年（四〇二），桓玄初控政權，為政無度，朝野不安，加上當時三吳大鬧饑荒，百姓路死道路，橫屍遍野，人口驟然減半。盧循攻佔永嘉（今浙江溫州市）時，桓玄自顧不暇，無力鎮壓農民起義，只好先安撫盧循為永嘉太守。但是，盧循與孫恩的起義並非真為改善農民福祉，也不是真要推翻晉朝，而是假借起義軍勢力，使自己與世族抗衡，甚至凌駕其上而獲取官祿。因此，他表面歸順桓玄，暗地卻繼續作亂。

元興二年正月，桓玄派出劉裕對抗盧循；桓玄與盧循都未曾料及，這個未來的（南朝）宋天子，竟是他倆生命中的剋星。盧循兵敗後無法在江東立足，便乘船往廣州方向逃遁。盧循挫敗休養之際，東晉正籠罩在亡國前的兩場風暴中。

元興二年十二月，桓玄強迫晉安帝「禪讓」，篡奪帝位，即位於姑孰，立國號楚。晉安帝被廢為平固王，遷於尋陽。元興三年二月（四〇四）北府舊將劉裕、何無忌與劉毅等人舉義兵討桓玄。該年五月，桓玄被殺，頭顱被帶回建康，懸掛在大桁上，百姓看到都非常高興。而後，晉安帝也被迎回建康，恢復帝位。

元興三年（四〇四）七月，盧循東山再起，十月攻佔廣州為根據地，自封平南將軍。由於桓玄之亂剛平息，晉室不安，元興四年（四〇五），朝廷再安撫盧循為征虜將軍、廣州刺史。劉裕則因平桓玄之亂有功，逐漸大權在握。

義熙六年（四一〇），盧循在廣州已經養精蓄銳六年。這時，劉裕北伐南燕，後方空虛；盧循見「益智粽」已成熟，於是再次北伐東晉。他從廣州發兵，佔據了江州（今江西九江）；經此，他特別前往廬山拜見七十七歲的慧遠。

接獲盧循來訪的消息時，寂靜的廬山為之騷動。因為，孫恩、盧循之亂至今已經十年了，武裝農民的戰火焚遍了東晉多數地方；南北世族、名將、士卒與百姓死傷無數，百年辛勤營造的莊園與民舍摧毀殆盡，國家軍事經濟元氣大傷。眾僧心想：盧循罪狀罄竹難書，如今擁兵上山，接納與不接納他的來訪，都是兩難。而且，盧循的大舅子孫恩還殺了道敬的祖父王凝之；在廬山出家多年的道敬雖值不惑之年，心情不免波動……

所有的為難與困難，都在慧遠海量的胸懷下消融了。慧遠慈悲地接納盧循的到來，輕鬆地與盧循閒話家常，談及過去與循父盧嘏求學的往事，並且關心盧嘏的近況。慧遠的親切與慈悲，讓盧循不安許久的內心，突然感受到一股溫暖。他恭敬地奉上供養三寶的物資，慧遠慈悲納受，心中為這個即將墮入地獄的人默默祝願：願以此善根福德，在未來世種下得度因緣！

弟子們見師父這般熱情招待，不禁感到憂心：盧循現在正是國家亟欲捉拿的寇賊，師父如此殷勤款待，倘若日後朝廷懷疑我們與他同夥，屆時僧團恐受牽連致難。慧遠聽後，理直氣和地對弟子們說：「我佛法中情無取捨，稍有見識的人都能了解，沒有什麼好害怕的！」

慧遠的言教與身教，讓弟子們感受到師父的悲心如同大地，平等荷負生民與萬物，讓一切淨穢都在大地的包容下，獲得淨化與成長。

下山前，盧循依依不捨地拜別慧遠。慧遠看著他的雙眼說道：「你出身高門，神采清秀，雅有才藝，可惜志存不軌，當端正其心！」

盧循下山不久後，他的姊夫徐道覆率領直下廬陵、豫章，大敗官軍，殺死鎮南將軍江州刺史何無忌。而後盧、徐聯手攻佔豫州，大敗劉毅，軍抵淮口（今南京西北），直逼建康。

此次殉難的鎮南將軍何無忌，就是曾向慧遠提出「沙門袒服」質疑、並慷慨供養廬山眾僧之人；他與劉道規等都是東晉要臣，頃刻竟為盧循所滅。由於情勢告急，朝廷連忙召回北伐的劉裕。劉裕星夜趕回，幾經嚴備海軍，周密部署。

後來，劉裕親率軍隊追擊盧循。路經江州時，手下有人告訴他說，慧遠與盧循交情匪淺；劉裕聽後便說：「慧遠大師是萬世師表，對眾生一律平等，無有取捨。」於是親自寫信致敬，並遣使供養糧米與金錢。

經過此事，不論是廬山弟子或外人，都非常佩服慧遠的處世智慧。慧遠以空有不二的圓融，超然政治之外，而塵氛不染；以菩薩拔濟眾生的悲心，使善惡眾生都能得度，為後代僧侶建立了應對政治權貴的典範與原則。

義熙七年（四一一）四月，交州刺史杜慧度盡散家財，招募敢死隊，火攻盧循戰艦。盧循中箭，深知回天乏術，便先用酒毒死妻子及兒女十餘人，然後召集眾姬妾問道：「你們誰願意跟我一起死？」只有少數幾位情執深重者，願同赴死。於是，盧循先將不願隨死的姬妾毒死，然後與那願同死的姬妾投水而死。後來，杜慧度將他的屍體撈起斬首，連同他的父親、兒子等共七個頭顱，送回建康示眾。

歷時十一年半的孫恩盧循之亂，使東晉內耗過度，名存實亡，製造了劉裕篡晉的契機。劉裕出身草莽，孫恩之亂開始時，僅為劉牢之手下的小將領；後來參與平定孫恩之亂與桓玄之亂，開始嶄露頭角。盧循之亂平定後，劉裕聲望如日中天。由於許多優秀的門閥世族死於孫恩、盧循之亂，北府兵權落到出生平民的劉裕手中。所謂槍桿子出政權，劉裕亦步亦趨地清除通往皇權之路的障礙。唐代詩人劉禹錫的〈烏衣巷〉一詩，正是此時最佳寫照：

朱雀橋邊野草花，烏衣巷口夕陽斜；
舊時王謝堂前燕，飛入尋常百姓家。

元熙二年（四二〇），劉裕像所有野心家一樣，啟動虛偽的「禪讓」制度，奪取皇位，滅亡東晉。劉裕稱帝，國號為宋，是為宋武帝，仍以建康為國都。當年名門望族琅琊王導及陳郡謝安，家宅院落飛簷下的燕子，從此飛入尋常百姓出身的劉裕家中！

第六章　譯經求法・大小並學

初經流江東，多有未備，禪法無聞，律藏殘闕，遠慨其道缺，乃令弟子法淨、法領等，遠尋眾經……獲梵本得以傳譯。……每逢西域一賓，輒懇惻諮訪，聞羅什入關，即遣書通好。

弟子西行，遠尋眾經

・

佛陀滅度後，佛法傳播到世界各地，形成南傳、漢傳與藏傳佛教三大系。其中，漢傳佛教是經由絲綢之路由印度東傳，經西域、河西走廊，然後傳到長安洛陽等地。當時的西域三十六國多奉佛法，人民熱衷開龕造窟、建塔塑像以及抄寫經典，道風嚴謹的僧團比比皆是，名震西域的得道高僧代代輩出。

由於當時中國的三藏典籍尚未完備，禪修的傳承也中斷不明，基於對真理的追求及實修實證的渴求，東晉十六國時期中土僧界掀起一股西行求法與譯經熱潮。梁朝僧祐說：「自晉氏中興，三藏彌廣；外域勝賓，稠疊以總；至中原慧士，煒曄而秀生。」

這時，中國佛教形成了南北兩大佛教陣容：北方先後有道安與鳩摩羅什的國家譯場；南方則是慧遠在廬山的私家譯場。鳩摩羅什是名垂青史的中國四大譯師之一；而道安與慧遠師徒則被梁啟超稱譽為「語譯界無名之元勛」。

道安在襄陽時期以及被苻堅強請至長安後，都曾派弟子西行取經並迎請多位西域高僧入華。前秦建元十八年（三八二），更在苻堅支持下，組織了中國歷史上第一個大規模的皇家譯經團隊，其分工專業仔細，包括：譯場監督、口執胡本、筆授胡語、譯胡為漢、筆授漢文、考證文字、校對。

在道安圓寂前，他於長安七年的時間，共譯出阿毗曇、阿含、般若及戒律等百萬言佛典；不僅為鳩摩羅什的譯場奠定深厚基礎，也留下一批譯經人才，如：通曉多國語言的涼州沙門竺佛念，以及法和、僧叡、僧導、慧嵩、慧力及慧常等協助筆授及潤筆的中土名僧。

慧遠時代的廬山東林寺，以嚴持淨戒及禪淨雙修為僧團道風；而「戒、禪、淨」三者的修持，實有密切關聯，故慧遠同等重視箇中的教理與行持。因為，持戒能防非止惡，使三業清淨，遠離掉悔，有助禪觀與淨業的修持。禪觀得力，心離境不染即是淨；念佛得一心，於境不取不著即是禪。是故，禪、淨二者，相輔相成，相即不二。

慧遠重視戒律的行持，傳承自佛圖澄與道安對戒律的重視；道安生前不遺餘力地搜羅戒本及制定僧團清規，慧遠跟隨安師期間奠立了深厚的戒學功底。然而，歸隱廬山後，慧遠卻始終為禪戒經典之缺乏感到遺憾。

東晉太元十四年（三八九），慧遠先於東林寺與建般若臺作為譯經的場所，具有專業的翻譯質量水平，開創中國翻譯史上私家譯場的先河。而且，慧遠也常致信中土及西域高僧「請轉法輪」，每遇西域高僧「輒懇惻諮訪」，虛心求法。

太元十七年（三九二），慧遠更派遣弟子法淨、法領等，遠尋眾經。他們踰越沙雪，歷經十七年，終於東晉義熙四年（四〇八），攜回方等新經二百餘部。其中，最重要的是在于闐獲得《大方廣佛華嚴經》五十卷（後改分六十卷，即六十《華嚴》）。

這五十卷《華嚴經》起初一直苦於無人翻譯；直到義熙十四年（四一八），才由佛馱跋陀羅和沙門法業、慧嚴等一百餘人，歷時三年譯出。從此，中國釋徒才見識到佛家的富貴、佛陀莊嚴與殊勝的果地境界。因此，慧遠往生時，謝靈運作〈廬山法師碑〉便云：

法師深存廣圖，大援群生，乃命弟子迎請禪師，究尋經本。踰歷蔥嶺，跨越沙漠，彌曠年稔，並皆歸還；既得傳譯，備盡法教。是故心禪諸經，出自廬山，幾乎百卷。

由此足見慧遠派弟子求法及組織譯經的悲心與影響！

僧伽提婆，譯阿毗曇

太元十六年（三九一）冬，東林寺建成八年後，慧遠迎來第一位西域高僧僧伽提婆，來到廬山重譯《阿毗曇心論》四卷及新譯《三法度論》兩卷。

當時五十八歲的慧遠雖然年近甲子，卻如童子般「虛心側席，延望遠賓」；慧遠謙下，讓弟子們好生感動。

僧伽提婆是享譽西域的阿毘曇大師，是說一切有部論師，為人「俊朗深鑒，儀止溫恭，誨人不怠」，尤其精通毗曇宗要，說法詞旨明析，能使聽者啟悟深智。他曾於建元十九年（三八三）在道安譯場口執胡語《阿毗曇心論》。道安過世後，他與法和前去洛陽弘法五年並學習漢語。在他的漢語有長足進步後，他與法和發現先前所譯多有錯誤，便重譯此論。

據僧祐記載，當時廬山《阿毗曇心論》的譯經團隊竟然多達八十人；重譯的功德主是地主江州刺史王凝之（王羲之次子）及優婆塞西陽太守任固之，作為財力等外護支持。首先，由僧伽提婆「手執梵文，口宣晉語」，道慈筆受，竺僧根、支僧純等參譯。支僧純，就是當年從龜茲取回戒本給道安的比丘。

此次廬山重譯的《阿毗曇心論》是經過譯經團隊「去華存實，務盡義本」的最佳定本，慧遠為譯本作《阿毘曇心序》，明宗舉旨言：

> 「阿毘曇心」者，三藏之要頌，詠歌之微言，管統眾經領其宗會，故作者以心為名焉。

此論一出，為江東毗曇學的興盛奠定了基礎。

僧伽提婆是一位「從容機警，善於談笑」的法師，打破了人們對於小乘論師刻板的印象。他的學品與人品與慧遠極為神似，而他的幽默與慧遠則有互補的作用。他在廬山住了七年的時間，與僧團大眾共同譯經與論議佛理，使東林寺呈現跨國僧侶和樂融融的相處畫面。

直到隆安元年（三九七）僧伽提婆才離山，弘化京師洛陽等地，翻譯出百餘萬言的佛經。東晉朝廷王公及風流名士，紛紛造席致敬；王珣為建精舍並請講經，王彌聽後深受啟迪，轉身便能覆講要旨，足見其說理明析，易啟人心。後來，王珣又請提婆重譯《中阿含》、《增一阿含》等經，慧遠派出慧持及道祖等弟子，參譯義學沙門有四十多位，首譯即成完美譯本，至今仍是世人學習阿含的主要依據。

慧遠在廬山的學風，向來秉承道安「以大攝小」的精神，他們以踏實無華的毗曇及阿含等經，建立世人四聖諦、三法印及十二緣起的解脫正見，以此作為大乘菩薩立身處世，密護根門、不逐物流轉的根本。

恭迎覺賢，譯經授禪

義熙七年（四一一），慧遠廬山僧團迎來第二位西域高僧佛馱跋陀羅（Buddhabhadra），意為「覺賢」。據《高僧傳》載，覺賢是釋尊叔父甘露飯王的後裔。他年少時父母雙亡，童齔出家，是個小神童，自幼具有「眾皆一月，賢一日誦畢」的超強記憶，後更博學群經，多所通達。曾受業於西域大禪師佛大先，少以禪律馳名，神通變化莫測，能入禪定到兜率天宮向彌勒致敬，據傳證到三果聖位。

後秦沙門智嚴及廬山的寶雲等僧侶，西遊歷經罽賓時，看見當地法眾清淨莊嚴，不禁感慨，東土釋徒也多懷有道志，可惜「不遇真匠」，因此無法開悟。於是，他們請問該國僧眾：是否有誰可以流化東土？眾人一致回答：「只有佛馱跋陀羅尊者，才足以振維僧徒，宣授禪法。」在智嚴等人懇切祈請下，覺賢生起憫念東土有情的悲心，便與智嚴等踰越沙河，途經蔥嶺六國，各國諸王都極盡禮遇。

歷經三年艱苦跋涉，抵達長安後，覺賢深受姚興及太子姚泓的推崇，隨即便在長安大弘禪法；本來在羅什座下學法的慧觀等人，紛紛轉投覺賢習禪。後來，習禪弟子漸漸複雜，給禪師帶來業障，令覺賢遭受誤解，被羅什門人擯出長安。

覺賢被擯出長安主要有兩個原因。第一，他曾於定中看見印度有五船將到中國，無意間將此事告訴身邊的人；弟子們聽了，四處妄傳，過了很久卻不見有天竺船入中國，被羅什門下視為「顯異惑眾」。第二，跟他學禪的弟子，有澆偽之徒，自認為已經證到阿那含果，未經覺賢檢驗，便四處張揚。

這兩件事情，讓羅什弟子認為覺賢的禪法大有問題，便將禪師擯出長安。覺賢畢竟是位得道高僧，他知道被擯後「神志從容」，內心不住憂喜兩端，故無不平之怨，只說道「吾身若浮萍，去留甚易」，一切隨緣自在。當晚，覺賢要離去時，沿途送行的僧俗多達一千多人。秦主姚興聞訊後，深感悵恨，於是命派門人追回禪師。覺賢婉拒了姚興的善意，在廬山弟子慧觀及寶雲等四十多位門徒護送下，連夜投向慧遠的僧團。

慧遠早聞覺賢盛名，他知道禪師來了，與弟子欣喜恭敬地迎禪師上廬山，並寫信給姚興及羅什，為他申冤及解除擯事，使誤解煙消雲散。後來，慧遠也禮請覺賢在廬山譯出《修行方便禪經》上、下共二卷（又稱《達摩多羅禪經》），並在廬山講經及傳授禪法一年。慧遠認為，覺賢所譯禪經具有實修無倒的傳承，這也是當時在長安有那麼多人跟隨其修習禪觀的原因。該經記載此禪法師師相承的系譜為：

佛滅度後，尊者大迦葉、尊者阿難、尊者末田地、尊者舍那婆斯、尊者優波崛、尊者婆須蜜、尊者僧伽羅叉、尊者達摩多羅，乃至尊者不若蜜多羅，諸持法者，以此慧燈，次第傳授。

慧遠作《廬山出修行方便禪經統序》，也再次強調其正統及大乘屬性：

自達磨多羅與佛大先。其人西域之俊，禪訓之宗，搜集經要，勸發大乘，弘教不同，故有詳略之異。

覺賢是西域大禪師達磨多羅及佛大先的直承弟子，慧遠認為這兩位禪師都是大乘菩薩。達磨多羅的禪法，強調智如不二及不生不滅的道理，佛大先則認為應當有次第來學習禪修；因此，慧遠認為這部經其實也是「以大攝小」，能讓行者次第修學止觀，證得定慧二門。

這部禪法的止觀教學，是結合四念處與觀佛三昧，對五門禪（五停心觀）有次第與細膩的教導，藉由安般（數息）、不淨觀、慈悲觀、界分別觀及因緣觀等五禪修學，能使行者了知人身乃四大假合，照見無常、苦、空、無我，而熄滅貪瞋癡三毒煩惱。此禪法重視循序漸進，先從「方便道」與「勝道」，開不淨觀、持念息二甘露門，並明示應通達「住退生進」等禪修的狀況，正觀陰入界及十二緣起流轉與還滅，從而能成就四禪八定，經歷四加行：煖、頂、忍、世第一法，最終可達到究竟解脫。

值得注意的是，卷下「觀十二因緣」特別提到，行者在修成「不淨觀」後，能照見四聖諦、破十二緣起無明支，接著可轉修淨觀「一相淨妙淨界」，入「快淨琉璃三昧」，以緣起深妙觀「觀佛境界」，而後證悟法性。此時可知：

一切佛法甚深緣起，悉現在前，然後乃壞，一切皆空，清淨寂滅，無有處所；猶如虛空，無所依止。

慧遠在該禪經《序》總結道：

乃曰無盡入於如來無盡法門。非夫道冠三乘，智通十地。孰能洞玄根於法身，歸宗一於無相。靜無遺照，動不離寂者哉？

便再次強調此經為大乘菩薩禪法的正宗性。

雖然慧遠先前曾跟道安學習過安世高的多種禪經，但安世高所譯諸禪經缺乏次第說明與彼此的關聯；加上哲人遠逝，無法獲得口傳心授及實修小參問答。覺賢的出現，無疑使慧遠的禪修在教觀二門都獲得相當的提升與決疑。尤其，經中所提「觀佛境界」的內容，與覺賢後來譯出的《觀佛三昧海經》息息相關，這對修持念佛三昧的慧遠而言，更是受益匪淺。

一年之後，覺賢離開廬山，來到江陵，果然有五條船從天竺過來，證明覺賢內證功深，於是境內士庶爭相禮拜供養；但覺賢一概不受，每天仍是托缽乞食，不問豪賤。而後又到揚都（今南京）等地傳授禪法，所到僧俗莫不欽敬，禪風大開。著名的玄高於其座下得法後，便在麥積山鑿窟授學，習禪僧徒多達百餘人。

從義熙十二年（四一六）開始，覺賢與法顯等譯出《摩訶僧祇律》、《大般泥洹經》、《僧祇比丘戒本》、《僧祇比丘尼戒本》及《雜藏經》等經論。義熙十四年（四一八）覺賢更譯出《華嚴經》、《出生無量門持經》、《大方等如來藏經》、《文殊師利發願經》、《觀佛三昧海經》及《淨六波羅蜜經》等大乘經典。

覺賢於劉宋元嘉六年（四二九）圓寂，年七十一歲。計其一生所譯經典，共十二部、一百十三卷，對後世影響甚鉅。

現今東林寺西側塔院，遺留有「佛陀跋馱羅尊者塔院」匾額，是相傳他圓寂後葬於廬山的見證。

覺賢本人及其禪法都被後人視為小乘；但事實上，覺賢與安世高一樣，都是外現僧聞身、內祕菩薩行的大乘菩薩。他們在中國留下許多傳奇的神蹟及大量譯經，其禪戒芬芳與無我自在的菩薩精神，更與世長存而不朽。

曇摩流支，譯《十誦律》

東晉南北朝到隋代，中國僧人主要受持的聲聞戒本為《十誦律》；一直到唐代經道宣律師變革，《四分律》才壓倒性地以一枝獨秀的方式流傳漢地。然此二經的翻譯與弘傳，與鳩摩羅什及慧遠兩位大師有密切關係。

羅什二十歲時，於龜茲王宮受《十誦律》比丘戒，其受戒師父記載有異；梁僧佑《出三藏記集》說從佛陀耶舍，稍晚的慧皎《高僧傳》卻說從卑摩罗叉。之後的記載多從後者的說法，本書便暫依慧皎之說。

《十誦律》為說一切有部根本廣律，在中土的翻譯頗為坎坷，先後經歷三師三譯，才圓滿問世。第一位是罽賓的弗若多羅（Puṇyatāra，意為「功德華」）。師備通三藏，專精《十誦律》，以持戒精嚴聞名，為西域一代宗師，據傳已證聖果。師於姚秦弘始年中抵長安，姚興禮為上賓，羅什也欽敬其戒範。當時羅什已譯出許多經典，但卻未譯出任何律典。因此，弘始六年（四〇四）十月十七日，在羅什請譯下，弗若多羅於長安逍遙園口誦梵文《十誦律》，羅什譯為漢文，數百位義學僧人參譯。

遺憾的是，該經翻譯至三分之二時，弗若多羅不幸病逝。眾僧感到非常惋惜，慧遠也常為此抱憾。

據《出三藏記集》及《高僧傳》載，弘始七年（四〇五）秋天，曇摩流支（Dharma-ruci，意為「法樂」）來到中原。慧遠聽說他以律藏馳名，通達毗尼（Vinaya，意為「滅、律」），擅長《十誦律》並帶有梵本，非常高興，覺得這是眾人虔誠祈求後不可思議的感應。便致書曇摩流支，請曇邕送達，同時祈請師與羅什共譯此律本。慧遠在信中寫道：

> 若能為律學之眾，留此經本，開示梵行，洗其耳目，使始涉之流，不失無上之津；參懷勝業者，日月彌朗。此則惠深德厚，人神同感矣！

曇摩流支收到慧遠的信，內心非常感動。後來便在姚興的支持下，與羅什「研詳考覈，條制審定」，共譯後文。這部經共有五十八卷，翻譯完時羅什覺得「文繁未善」，還來不及校稿刪定，羅什就圓寂了。為此，羅什臨終前遺憾地說：「凡所出經論三百餘卷，唯《十誦》一部，未及刪繁，存其本旨，必無差失。」足見羅什對《十誦律》的重視。

羅什圓寂後，慧觀曾恭請曇摩流支到建康（今南京）弘律，但是曇摩流支卻堅持到沒有人教導戒律的地方弘法。於是，他遊行四方弘律，後來圓寂於涼州。

《十誦律》的圓滿譯本，最終是仰賴罽賓知名律藏大師卑摩羅叉（Vimalākṣa，意為「無垢眼」）才完成。羅什二十歲時卑摩羅叉曾在龜茲王宮，為他授《十誦律》比丘戒。當龜茲被呂光滅後，師避走他方，後來到長安尋找羅什，希望完成「毘尼勝品，復洽東國」的心願。羅什圓寂後，師游關左，於石澗寺大闡毘尼，眾僧雲聚。

後來，師重校羅什所譯《十誦律》五十八卷，開演為六十一卷。後赴江陵辛寺，於結夏時宣講《十誦》，學徒如林；眾僧方知「無作妙本」及各律條禁制因緣。慧觀以其生花妙筆，記師解釋佛制內禁輕重，撰為《雜問律事》二卷；送至京師後，僧尼競相傳寫，紙貴如玉。

梁慧皎《高僧傳》說：「自大教東傳，雖復諸部皆傳，而十誦一本，最盛東國。」足見佛教早期《十誦律》的盛行，主要是卑摩羅叉闡律的功德。卑摩羅叉，人稱青眼律師，性喜「養德好閑，棄諠離俗」，後來返回壽春，七十七歲於石澗的寺院中圓寂。

佛陀耶舍，譯《四分律》

慧遠派出法淨與法領西行求法，於十七年後（四〇九年）帶回二百多部新經，也迎回四位西域高僧，其中有佛陀耶舍（Buddhayaśas，意為「覺明」）。當法淨等路經于闐時，不僅取得華嚴等諸多大乘經典，更欣遇精通《四分律》的佛陀耶舍，兩人應於此時邀師入華。

佛陀耶舍是罽賓著名的三藏法師，十九歲時就能闇誦大小乘經數百萬言，他也是羅什在沙勒國學法的師父。當羅什被呂光挾持到姑臧（涼州）後，他曾在龜茲弘化十幾年，內心一直想到涼州尋找羅什，但是國人不捨他離開。有一天晚上，他拿起一鉢清水，在裡面放藥並持呪，與弟子用水洗足後，便以夜行數百里的速度來到涼州；這時他才知道，羅什已經去了長安。後來，又聽說羅什被秦主姚興強逼娶妻，不禁傷心地說：「羅什如好綿，何可使入棘林中？」

不久，羅什也聽說師父到涼州找他，於是力薦姚興迎回長安，但姚興始終無意。後來羅什便說：「弘宣法教，宜令文義圓通。……貧道雖誦其文，未善其理，唯佛陀耶舍深達幽致。」姚興聽後恍然大悟，才遣使送去豐厚供養及致意迎師。

佛陀耶舍外型瀟灑俊美，平日善於談笑；聽到使者來意後，卻笑而不受；使者回報姚興說，大師恐怕落得像羅什一樣的下場。姚興知道他是一個謹慎的人，便再三下詔承諾，佛陀耶舍才答應來長安。

佛陀耶舍到達長安後，每天堅持自己托鉢乞食，對姚興的供養一律婉拒，人們給他的四事供養堆滿了三間房屋，他也毫不動心，就是堅持少欲知足的梵行。他善解毘婆沙論（Vibhāṣā-sāstra，廣解廣說經論之義者），人稱「赤髭毘婆沙」；又因為是羅什的師父，所以也被稱為「大毘婆沙」。他後來與羅什共同譯出龍樹菩薩《十住毘婆沙論》，也是闇記口誦而出，經羅什漢譯，共有十六卷，是華嚴宗與淨土宗的重要論典。

有關於《四分律》的翻譯，若合觀僧肇《長阿含經序》及《宋高僧傳》圓照律師本傳可知，佛陀耶舍誦《四分律》時是以闇記的方式背誦，當時司隸校尉姚爽希望能翻譯此經。但是，姚興懷疑他會記錯或遺漏；為了試探佛陀耶舍的記憶力，姚興就請耶舍背誦羌族五萬字的藥方，二天後耶舍口誦，姚興手拿藥方對照，居然一字不差，大家對他的記憶神力都深感佩服。於是，姚興便於弘始五年，請佛陀耶舍誦出梵文《四分律》四十五卷，由竺佛念聽而筆受。

後來，弘始十一年法領西行回國時，帶回該經梵本。姚興即於弘始十二年

（四一〇），在長安中寺召集三百多位持律沙門重新讎校此律。當時是由佛陀耶舍依本誦出梵文，竺佛念譯梵為漢，道含（或說慧辯）担任筆受，最後經法領及其弟子慧辯反復校對。六十二卷《四分律》，經三年譯畢，姚興大喜，供養佛陀耶舍布絹萬匹，他依舊不受。弘始十五年（四一四），佛陀耶舍又與竺佛念譯誦出《長阿含經》。

慧皎《高僧傳》說他後來辭回外國，之後不知所終。而《東林十八高賢傳》則載，佛陀耶舍曾於義熙八年（四一二）來到廬山，並加入蓮社，被列為十八賢之一。

從慧遠派弟子西行求法、延請西域高僧譯經來看，當時西域諸僧「咸稱漢地有大乘開士，每東向致禮，獻心盧岳」；佛陀耶舍既來中國，想必也想來廬山與慧遠論道。其次，從時間及佛陀耶舍與慧遠徒眾法領及慧辯共譯的關係看，佛陀耶舍是可能到廬山的。當《四分律》譯畢時，七十九歲的慧遠也必然批閱過此律；因為，這時他與羅什仍有書信往返，這年覺賢也剛來到廬山。

雖然《四分律》並非在廬山譯出，但如果沒有當年慧遠派遣法領等西行求法，恐怕也無法在佛陀耶舍入華不久勘定正本。因此，漢地僧人受持讀誦《四分律》時，也該不忘慧遠遣僧西行的遠見，以及法領、法淨遠渡流沙的艱辛！

神交羅什，《大乘義章》

東晉十六國時期，由於中國北方胡族帝王興佛，因而高僧輩出：從佛圖澄、道安、再到鳩摩羅什乃至其門下僧肇、道生與僧叡等高足並世，呈現三千學僧雲集關中譯經的空前盛況。

鳩摩羅什（Kumārajīva，意為「童壽」）的到來，不僅頓時打通般若學的任督二脈，他所譯的經典，更成為南北朝義學高峰及隋唐宗派創立的源頭活水。如：《成實論》是成實學派的根本論典；《妙法蓮華經》是天台宗教觀核心依據；《中論》、《十二門論》及《百論》是三論宗根本；《十誦律》則是早期律宗主要根據；《阿彌陀經》為淨土宗三經之一；《彌勒成佛經》及《彌勒下生經》是彌勒信仰主要經典；《金剛般若波羅蜜經》則自唐代慧能後成為禪宗開悟寶典。另外，《小品般若經》、《維摩詰經》及《大智度論》等，則取代舊譯般若經論，成為世人受持的依據。

羅什祖籍天竺，生卒年有異說。若據其弟子僧肇〈鳩摩羅什法師誄並序〉載，羅什生於東晉康帝建元元年（三四三），義熙九年（四一三）七十歲卒於後秦長安都城。羅什誕生於龜茲國（今新疆庫車一帶），父親鳩摩羅炎是罽賓國（今克什米爾）丞相之子，因懷出塵之志，便捨將繼承的相位出家。當他東遊到蔥嶺時，龜茲王迎請為國師。時龜茲王妹耆婆公主情有獨鍾於羅炎；龜茲王為成全王妹，便逼羅炎還俗結婚，後生羅什。

耆婆本來就是聰慧女子，在她懷羅什時，又加倍神悟超解，且無師自通天竺語，辯才無礙，深解經義，當時有位阿羅漢便說耆婆「必懷智子」。

耆婆生羅什後本欲出家，但丈夫不肯，後又生一子。一次，耆婆出城遊觀時，見塚間枯骨縱橫，頓悟生死無常，愛慾乃生死苦本，遂絕食以死之志求能出家，夫懼之方許。受戒後，她深樂禪法，精進不懈，證初果入聖位。

羅什自幼超凡神解，半歲就會說話，三歲識字，五歲即博覽群書。七歲時隨母親出家為小沙彌，日誦經千偈，每偈三十二字，凡三萬二千言；師授其義，即自通達理趣。

耆婆貴為公主，百姓爭相供養，她唯恐妨礙羅什道業，便攜兒遠走他鄉。九歲的羅什從此隨母千里尋師，遊歷西域諸國，展開數年參學生涯。這使什師眼界大開，得以精通西域諸國語言、風俗及深入大小乘佛法精髓。更重要是，他了解到佛陀圓寂後，小乘部派及大乘諸論師所宗經典及核心思想的共同與差異，造就他往後成為一位偉大的譯經大師。

羅什與母親先是到罽賓，跟隨三藏法師槃頭達多學習雜藏、中阿含及長阿含等四百萬言等小乘經論。羅什神俊非常，不久便聲徹於王，國王於宮中招集辯論大會，九歲小羅什，竟摧伏外道，震驚全國。於是，國王每日獻最上供養，寺僧天天派五位比丘及十位沙彌，照料羅什起居，侍奉掃灑，敬崇如師。

三年後，耆婆帶他返國，途中遇見一個阿羅漢驚訝地對耆婆說：「要好好守護這個小沙彌，如果他三十五歲仍未破戒，將來必像教化阿育王的優波掘多尊者，能大弘佛法。如果破戒了，就只是個聰明、有學問的法師而已，對眾生幫助不大！」

十三歲時羅什至沙勒國，於該國停留一年，博覽五明諸論及陰陽星算，而且能「妙達吉凶，言若符契」。沙勒國國王對羅什非常敬重，曾禮請羅什講《轉法輪經》。須利耶蘇摩王子，才智絕倫，是當時最負盛名的大乘論師及各學派的導師。羅什也宗他為師，並在他的座下學習《阿耨達經》、《中論》、《百論》及《十二門論》等大乘經論。須利耶蘇摩精湛的析論與譬喻，讓羅什體會人空外的法空，因此頓開般若智慧，不禁大嘆：「吾昔學小乘，如人不識金，以鍮石為妙」。

不久後，羅什參訪溫宿國，參與一場辯論，降伏一位振名諸國的修道人，羅什的聲譽因此遍滿蔥嶺以左的河西地區。

龜茲王風聞後，親自到溫宿國迎回羅什母子。羅什二十歲時，於王宮受戒，並隨卑摩羅叉學習《十誦律》。龜茲王為什造金師子座，恭請升座說法。羅什為國人廣說方等諸經，啟發無數人於大乘好樂生信，後更度師父槃頭達多「棄小向大」，槃頭達多對他說：「和尚是我大乘師，我是和尚小乘師。」從此，羅什「道震西域，聲被東國」，每年講經時，各國國王都跪在法座旁，恭敬地彎下身軀，讓羅什踏著他們的背登上法座。

後來，母親辭往天竺修道，臨行前彷佛預言般地告訴羅什：「大乘佛教傳播東土的神聖任務，只能仰仗於你才能成就，但這對你沒有絲毫利益，你打算如何？」羅什答：「菩薩行道，利彼忘軀。如果我能使佛法光化東土，使眾生從迷懵中醒悟，我個人即使遭受火爐湯鑊之苦，心中也不會有絲毫怨恨！」

確認羅什心志的耆婆，抵達天竺後，精進修道，進登三果聖位，從此不再投生人間。

前秦建元十五年（三七九），道安派往西行求法的弟子僧純、曇充等從龜茲歸國，即向安師回報羅什事蹟。中國古來文人素多相輕，但當時深受南北帝王尊崇並貴為國師的道安，卻始終沒有這些凡俗習氣。為了使漢地慧日高懸，安師更力勸苻堅遠迎羅什入關，譯經傳道，期能與羅什共析論法。而羅什也遠聞安師風澤，且稱安師為「東方聖人，恆遙而禮之。」遺憾的是，道安終其一生未能與羅什相遇，這段殊緣且待慧遠來圓滿。

愛才如命的苻堅，在聽完道安建議後，亟欲迎請這位「譽滿五天竺」的羅什入華。一日，前秦太史向苻堅上奏說：「在西域邊陲，出現一顆耀眼的星光，是智者將入輔中國的徵兆。」苻堅說：「那位西域智者，必是鳩摩羅什！」

前秦建元十八年（三八二）苻堅派大將呂光領兵七萬出西域，並殷殷囑咐呂光：

> 朕聞西國有鳩摩羅什，深解法相，善閒陰陽，為後學宗，朕甚思之。賢哲者，國之大寶；若克龜茲，即馳驛送什。

驍勇善戰的呂光，沿途降伏焉耆等西域諸國，於建元二十年（三八四）攻破龜茲看到羅什時，不禁大失所望，覺得羅什不像傳說中的神奇，心裡很不是滋味。呂光見羅什年輕，便心生輕慢，極盡調戲惡行；命他騎猛牛、乘烈馬，甚至逼辱他與龜茲公主成親。

羅什闡教東土的悲願既發，便置個人榮辱生死於度外，任呂光百般侮辱，他總是慈懷柔忍，無有絲毫慍色。呂光因此感到慚愧，便停止欺凌羅什的惡行。後經幾番羅什之精準預言，亦有感其深智。

呂光本欲滯留龜茲，但在羅什力阻下，他隨即班師回朝。太元十年（三八五），呂光回程途中，先佔據姑臧（今甘肅武威，古稱涼州），自領涼州刺史、護羌校尉。後來，他聽說苻堅被姚萇所殺，前秦滅亡，便自立為王，史稱後涼。

自西晉永嘉之亂後，有一批大儒士族湧入涼州避難，涼州遂成為北方儒學重鎮，並獲得「涼州古來多君子」的美譽。

羅什被呂光扣留在涼州長達十七年之久，沒有翻譯任何一部經典，因為他們只把羅什當成預卜吉凶的僧人。幸而，呂光、呂隆父子沒有限制羅什教學及與當地文人交往，也在武威建了羅什寺安頓什師，呂隆更奉他為「大涼國師」；因此，羅什得以在此傳法授徒，僧肇方能千里赴涼，依師學道。羅什又藉機學習漢語，深入中國民情風俗；直到他離開涼州前，他已能與當地文人流利對詩唱和！

後秦姚興弘始三年（四〇一），姚興遣使到後涼迎請羅什，但後涼國主認為羅什智計多解，若落他國手中，恐危己國，便阻卻不許。姚興被拒而大怒，便效法當年的呂光出兵，攻破涼州；涼主呂隆敗戰投降，姚興才得迎羅什入關中。

弘始三年十二月二十日，羅什終於抵達長安。當姚興知道什師到來時，內心喜悅萬分，對羅什優寵禮遇，並「待以國師之禮」。次年，姚興立即組織大型國家譯場，恭請羅什住進逍遙園的西明閣中譯經，一時南北英秀雲集關中，數千學僧中遴選出僧叡等八百餘人入譯場，共譯經論。著名的弟子有僧肇，僧叡，道生，道融，慧觀等三千餘人，後世有什門四聖、八俊、十哲之稱。姚興甚至親自入譯場譯經，並帶頭恭聆羅什講經，上行下效，締造出佛教空前的盛況。

羅什入關時，道安已經圓寂十六年了，當時羅什「恨不相見，悲恨無極！」幸而，慧遠代師父道安圓滿了這個遺憾。羅什比慧遠小九歲，早慧遠三年圓寂，兩人幾乎並世而生，彷佛是為了履行三生石上的承諾，相約以洪鐘叩問的巨響，引領中土釋庶深入大乘奧祕！

在慧遠心目中，羅什是「宏才博見，智周群籍」的三藏法師，而且更散發「神悟發中」的超拔靈氣。因此，當羅什來到長安不久（約四〇三年），慧遠便立即致信表敬，並贈以袈裟及漉水囊二件法物，由弟子曇邕親自送往長安；後來，又派出竺道生及慧觀等廬山菁英弟子，前往長安與羅什學法。慧遠秉性虛懷若谷，對善知識更是虔敬有加，他給羅什的信裡洋溢著真摯的道人情懷，表達向羅什請益的衷懷。

羅什收到信後，也回信及回贈法物「鍮石雙口澡罐」，這是僧人盥漱用水的器皿。於回信中，首先以佛經裡的「東方護法菩薩」比喻慧遠捍拒桓玄「汰洗僧人」及「沙門敬王」的護法行儀。其次，稱讚慧遠是一位兼具「福、戒、博聞、辯才、深智」五聖財的菩薩，故能道隆而無疑滯。又自謙地說，受慧遠贈予法物，深感德行不足，「人不稱物」，心甚慚愧！最後，他寫給慧遠一首偈，希望與慧遠分享自己的修行體悟。該偈云：

既已捨染樂，心得善攝不？若得不馳散，深入實相不？

畢竟空相中，其心無所樂；若悅禪智慧，是法性無照；

虛誑等無實，亦非停心處。仁者所得法，幸願示其要。

這首偈子，其實是大乘止觀的修道次第：初學必須以止攝心，方能得定；接著必須以般若慧觀照，層層轉進，照見煩惱的虛幻，從而證得人我空與法我空。

慧遠接到羅什的回信後，廬山忽然來了一位法識道人，傳達羅什曾動念想回本國的消息。慧遠聽了，立即致上〈重與羅什書〉，表達內心「情以悵然」的惋惜，及祈願羅什譯場能「大出諸經」，並提出十幾條大乘疑義及附偈一章，表達「請轉法輪」的懇切修道心境。慧遠報羅什前信偈云：

(一)本端竟何從，起滅有無際；一微涉動境，成此頹山勢。
(二)惑相更相乘，觸理自生滯；因緣雖無主，開途非一世。
(三)時無悟宗匠，誰將握玄契；來問尚悠悠，相與期暮歲。

第一首偈：說明生死二法，窮之無本、也無開端；既無本無端，則生死虛妄不可得，找不到生命的開始與死亡的終際。然而，由於無始無明，一念不覺，迷真逐妄，心隨境轉，便有如山崩般的十二緣起流轉，環環相扣，生死輪迴之苦隨之而生。

第二首偈：一旦六根被六塵境相迷惑時，便無法領悟實相之理。雖知生死皆因緣所生，本無自性；但體證實相，卻非一世能成就。

第三首偈：若非開悟的佛法宗匠，誰能掌握妙法精髓呢？這就是我還有這麼多問題想請教您的原因，期待晚年能與您一起研討大乘深義。

羅什收到曇邕送來慧遠的信後，很仔細地答覆慧遠這十幾條提問。兩人於公元四〇六年至四〇九年間至少有三次書信往返，被後人結集成書。隋代費長房最早稱此書為《問大乘中深義十八科》；傳到日本後被賦名《大乘大義章》，成為現今普遍流傳的書名。本書共有三卷十八章，問答二十七則，約四萬字（相關內容參見「影響」部分）。

北方國主姚興，不只極為禮遇羅什及支持譯經事業，也十分欽慕慧遠的風德及讚歎其才思。屢次慇懃來信，並派人贈以龜茲國細縷雜變像，表達他對慧遠的尊崇，又派姚嵩獻上珠像。慧遠也讚姚興說：「於時秦主姚王，敬樂大法，招集名學，以隆三寶，德洽殊俗，化流西域。」

後秦弘始五年（四〇三）四月至十二月，羅什譯出《大品般若經》；至於解釋本經的《大智度論》，據研究是在弘始四年（四〇二）至七年十二月二十七日（四〇五），幾乎以同步對照的方式對譯。大論既出，般若真義可明，再也不須要再用什麼「格義」方法來類比了。

然而，關中卻沒有人敢作序。因為，《大智度論》是印度中觀學派龍樹菩薩解釋《般若經》的鉅著，但是此經「幽奧厥趣難明，自非達學尠得其歸」；般若甚深難懂，如果沒有深厚的功底，肯定無法勝任。這時，姚興立即想到將這個艱難的任務託付給慧遠，於是致信邀請作序。

羅什譯的《大智度論》共有一百卷，乃是將經文與論對照會編而成；若去除經文三十卷，論實際為七十卷。

當慧遠收到一百卷浩瀚的大論時，先是「一復再三，欣於所遇」，後來便深感此論：「辭樸而義微，言近而旨遠；義微則隱昧無象，旨遠則幽緒莫尋。」慧遠心想：這麼艱深大部頭的論典，後人有耐心、有能力研讀嗎？於是，他跟廬山弟子們「簡繁理穢，以詳其中，令質文有體，義無所越」，將大論濃縮為二十卷精華，分門別類，使後人循階梯易登堂奧、依津渡獲漸悟之方，可謂用心良苦！

慧遠認為，濃縮的《大智度論鈔》二十卷，「雖不足增暉聖典，庶無大謬」，並特為此新本作序，可惜該鈔已佚失。幸而，至今仍保留他寫的一千六百字序言，我們才得以一窺他闡述龍樹生平、《大智度論》理趣及對羅什、姚興的讚歎。

羅什不僅為東土譯出新經，也像竺法護一樣，為參譯者講述經義，以及常應姚興之請於長安大寺講說新經。此外，他並於譯經之餘傳授禪法，使僧叡等人的禪修獲得迅速進展。羅什性情「仁厚汎愛、虛心善誘」，再加上夾帶精闢義解及實修的證量，因此短短幾年間，便造就北方後秦「公卿已下莫不欽附，沙門自遠而至者五千餘人。起浮圖於永貴里，立波若臺於中宮，沙門坐禪者恆有千數。州郡化之，事佛者十室而九矣」的佛教盛世。

羅什闡揚聖教功績，足以媲美當年佛圖澄住世的氣象。奇怪的是，甚為極為禮遇羅什的姚興，竟然強逼羅什娶妻！其理由是：「大師聰明超悟天下莫二，若一旦後世，何可使法種無嗣？」此說法甚為牽強，實在令人莫名所以。

有一說法是，當羅什成為眾人崇拜與追隨對象時，無形中威脅到姚興的君主之尊；為了挫折羅什在世人心中的地位，便欲藉由令其破戒以毀其神聖性。面對這樣的橫逆，正應驗了羅什母親當年的預言。由於當時尚有眾多經典還沒翻譯出來，羅什再度想起慈母的叮囑，以及自己捨身度眾的誓言，只能忍辱地接受一切。

從此，羅什便搬出寺院僧房，住進姚興為他另建的宅舍。後來每次講經前，他總是慚愧地說道：「譬喻如臭泥中生蓮花，但採蓮花，勿取臭泥也。」許多知心的弟子聽了，也不禁心酸。但是，也有一些人竟生起輕慢心，議論紛紛，不肖僧徒甚至想效法羅什娶妻。

羅什認為，個人榮辱事小，但眾生若因他而失去對三寶的信心或造三惡道之業，便失去他忍辱犧牲、利益眾生的本懷。依《晉書．鳩摩羅什傳》記載，什師為了平息眾疑，某日便於眾前拿出一缽針，告訴眾僧：「誰能像我一樣把這缽針吞下去，就可以效法我，否則就當嚴守出家戒律。」接著，就拿起筷子，像吃飯一樣輕鬆地吃下滿缽的針。諸僧看了莫不瞠目結舌，慚愧折服，方知聖賢隱跡，非凡情所能測！

即便如此，羅什仍是常懷慚愧，自稱業障重，不敢安居人師，為人受戒。弘始八年（四〇六），羅什以前受戒的師父卑摩羅叉律師，遠從龜茲東度流沙到長安，對他被逼一事並不知情。便問他說：「汝於漢地大有重緣，受法弟子可有幾人？」羅什答：「漢境經律未備，新經及律，多是什所傳；出三千徒眾，皆從什受法。但什累業障深，故不受師教耳。」卑摩羅叉聽了，深刻感慨，他便發願圓滿羅什的遺憾，助其弘揚戒律。

鳩摩羅什與真諦、玄奘、不空（或義淨）並稱中國四大譯師。他所譯的經典採取意譯，深具解釋性風格，又得文學造詣超拔的僧睿、僧肇等人筆潤，故能雅俗共賞、琅琅上口，成為世人最喜讀誦受持的譯本。據《出三藏記集》

載，羅什從抵達長安到圓寂前，短短十二年間，共譯出三十五部二百九十四卷佛經，平均每年要譯出三、四部經論，可謂非常人所能為。

唐朝道宣律師因持戒精嚴，感得天人送供，曾問天人羅什善譯之因；天人回答，羅什乃過去七佛譯師再來，所譯的經典能體達諸佛遺寄之意，讓世人開悟入道。此外，道宣也提到世人對羅什戒行頗有議論，天人說：「不須相評，非悠悠者所議。……羅什師今位階三賢，所在通化」。原來，羅什是證得「十住、十行、十回向」三賢位的大權菩薩，遊戲神通，慈忍捨身，以度蒼生！

姚興弘始十一年（四一三），七十歲的羅什在圓寂前，曾當眾發誓說，若我所翻譯的經典沒有錯謬的話，「當使焚身之後，舌不燋爛。」果然，荼毗（火化）後舌完好無損。據傳，大師遺願圓寂後，將他的舌舍利運往涼州鳩摩羅什寺供奉。至今，這顆世上唯一的舌舍利，依然為我們訴說大師精彩坎坷的傳奇，以及悲願行深的菩薩行。

至於羅什與慧遠精彩的《大乘大義章》對話，則是所有大乘佛子進入甚深菩薩階位時必要學習的課題！將於「影響」部分再予說明。

印心

第七章　圓寂歸西・法流千載

遠以凡夫之情難割，乃制七日展哀，遺命使露骸松下，同之草木。

預知時至，神生淨土

東晉義熙十二年（四一六）八月，正是滾滾紅塵，邁入暑夏蒸熱，煩悶煎熬的時節；然而，秀峰聳峙的廬山，依舊是「日照香爐生紫煙」的雙照，慧日高懸、雲蒸霞蔚，涼風清峻，讓人塵累盡消。白雲滿室，空谷幽蘭，伴隨著慧遠在廬山度過三十多年的歲月。

這時，已屆八十三高齡的慧遠，雖然年老色衰，病苦摧殘，但依舊目光炯炯有神，慈悲安詳，盡其餘力，為大眾殷殷說法。他回想起六十三年的出家、行菩薩道的歲月，雖然坎坷辛勞，但始終無怨無悔。他很慶幸，自己一路上都有善知識指導與相扶持。

前半段雖然顛沛流離，但有明哲之燈照耀黑暗；自二十一歲親近明師道安，依止二十五年間，悟般若法空慧正見，會通大小乘及儒釋道三教之理，並隨師深修禪定，廣行建寺、度僧、立規、譯經、弘講、著述等利益眾生的福德事業。

後半段隱居匡廬三十多年間，繼承安師時代的所有菩薩行，也開展廬山念佛宗風。但是，到了慧遠晚年時，平靜的廬山，卻因桓玄掀起勸罷道、汰洗沙門及逼敬王等風波，而使廬山陷入暴雨，激起慧遠護佛法難，老淚縱橫，直筆為文、拒官抗禮。

這些歷歷如真的悲歡歲月，如走馬燈一般，幕幕在眼前迅速倒帶，不論是青年時親近名師悟法的欣喜；登獅子座，宣說般若實相，辯破道恒邪說的意氣風發；襄陽助師行道的廣修福慧；廬山率眾行道，終宵精進的疲累與法喜；桓玄法難的聲聲逼迫……這一切的一切，隨著時光的飛逝，被徹底汰洗殆盡，煙消雲散，回歸法性的空寂，訴說著佛教無常苦空無我的真理；一切如幻的生生滅滅，其本質竟是不生不滅、不垢不淨。

外在的事物如此，人的生命何嘗不也相同嗎？早在慧遠往生前四年，道友法眷的辭世，向他預告自己也將不久於世。

義熙八年（四一二），七十六歲的慧持於龍淵寺圓寂，自從隆安三年（三九九）與慧持涕淚辭別後，十多年來，兄弟倆就不曾再見面了。手足情深，驟然辭世，讓慧遠不勝唏噓；但他深信，慧持生前所累積的波羅蜜及念佛資糧，必能順利往生淨土。

義熙十年（四一四），八十三歲的慧永於西林寺圓寂。這位慈心喜悅的伏虎禪師，是慧遠最知己與尊敬的師兄，一生持戒精嚴，深修禪定；兩人發願，生前同隱於廬山，死後共生西方淨土。慧永圓寂前，雖然重病臥床，但身苦心不苦，顏色怡悅，臨終時親見阿彌陀佛來接引，死後異香滿室，七日才散，讓人欣喜景仰。

義熙十一年（四一五），親近慧遠十二年的劉遺民，在生前已是「行路見佛」，並於定中受佛摩頂加持，往生時更親見佛來接引，也鼓舞無數在家信眾深心念佛，求生淨土。

業感如幻的色身，是由四大五蘊和合而成，這當中沒有一個真實的「我」存在；但無明所覆，人們終究顛倒執持為「我」。它從一出生就日日步向死亡之路，當壽盡身死時，自然回歸於塵土，形同草木，這一點與儒、道兩家看法無異。但是，佛教殊勝的是，釋迦牟尼佛以其證入之道，發現人的神識並不隨死後滅盡；人們生前所造的善惡業種子，始終儲存於神識中，並決定自己下一生流轉六道輪迴；不過，人可以藉由修行，脫離十二緣起生死輪迴的鎖鏈。這就是慧遠「求宗不順化」、「三報論」、及「形盡神不滅」的理論根據。

慧遠深自慶幸自己此生出家修行，並能勤行戒定慧三學，使自己的神識儲存足夠的往生淨土資糧。棲隱廬山期間，他深慶與感念能神交羅什，解惑高地菩薩的境界與修持；並從佛馱跋陀羅受學四念處及大乘念佛禪法，使教、觀二門顯著提升。更殊勝的是，能與廬山諸賢同修念佛三昧；不僅見證諸賢往生的瑞相，自己也曾於定中見阿彌陀佛，讓他感覺圓滿佛果度化利生之不可思議妙用，使他對三寶產生真實不動搖的信心。

據《東林十八高賢傳》載，慧遠在廬山三十年間，前十一年曾三次見到阿彌陀佛，但佛都是沉默不語。之後他用功如常，就在往生前夕，他於般若臺東龕方從定起時，忽見阿彌陀佛身滿虛空，圓光之中有諸化佛，觀音、勢至左右侍立。又見水流光明，分十四支，流注上下，演說苦空無常無我之音。阿彌陀佛告訴說：「我以本願力，故來安慰汝；汝後七日，當生我國。」

慧遠又看見，已經圓寂的佛陀耶舍、慧持、慧永及劉遺民等人侍立在佛之側，向前合掌白師曰：「師早就發願要往生淨土，為何來得這麼晚呢？」慧遠下座後，便向法淨、惠寶說：「我曾於定中三次見佛，今天又再次見阿彌陀佛，我不久就要往生淨土了！」

露骸松下，建塔立碑

義熙十二年（四一六）八月初時，東林寺的白蓮異常地盛開，儘管午後驟雨滂沱，然蓮香沁沏，塵水不著。這時，慧遠突然感受陣陣生死無常的風雷，交相煎迫而來，病若殘燭的色身，彷彿一動則散。他知道四大即將崩解了，仍勉強撐起色身，端坐禪堂。他知道，再過幾天，他就要離開這個借假修真的臭皮囊，跟隨阿彌陀佛與西方聖眾往生極樂世界，從此花開見佛，了悟無生，永截六道輪迴之苦！

到了八月六日時，慧遠的病況更加嚴重了。這時，年高德重的僧眾聽說藥酒有助慧遠色身，紛紛胡跪頂禮，祈請師父能飲些穀酒，保潤元氣，慧遠不許。後來，弟子又祈請他喝些米漿；但過午只許喝非時漿，米漿為食漿，故慧遠也不許。最後，弟子又祈請他喝些蜂蜜水，慧遠便命律師查閱經文，看是否能飲；經書還未查完，八十三歲的慧遠便圓寂西歸了。

事實上，慧遠在追隨道安修學禪觀時，便以甚深禪定，照見這具臭皮囊的不淨與虛偽相。他一生不惜形軀，不戀色身，精勤修學，只為道流中國，法潤蒼生。他已經預知，這個形朽老壞的軀殼，即將死亡崩解，自然不必因貪生而徒增無畏的滋養。

另外，更重要的是，慧遠生前精通戒律、持戒嚴謹，亦深知各種戒律的開遮持犯，這幾條重病是否開源引用藥酒、食漿及七日藥的戒律，他當然知道；事實上，在病難及某些特定因緣下，佛也曾開許以藥酒救人，或喝些食漿及蜂蜜等七日藥，以療治色身。但是，慧遠臨終前為何示現「不知」，展開一場「戒法的演出」？

或許因為，慧遠對戒律的態度是寧可堅持「大小等持」，也不願意成為始作俑者，使後代無知後學，胡亂開源。

一代淨土宗師慧遠，以禪師般的身語意演示戒法後，瀟灑西行蓮邦。頓時，山林改容，夕泣空山，哲人難挽，妙法難再；東林古寺鐘聲長鳴，木鳶騰空飛翔報訊。一時，門徒號慟，若喪考妣，道俗奔赴，轂繼肩隨。

慧遠生前對其往生事宜，曾一一詳細交代——

第一、七日展哀，抒發俗情：雖然他個人已看破生死，並且確知往生淨土無疑；但是，他知道，四眾弟子與他相處多年，不免產生種種感懷、思念與難捨的情緒。他基於慈悲體諒，讓弟子們得以宣洩悲情，特以儒家之禮，允許弟子在他往生後「七日展哀」。

第二、臨終遺命，露骸松下：唐代道宣《續高僧傳．遺身篇》曾云：「西域本葬，其流四焉：火葬焚以蒸薪，水葬沉於深淀，土葬埋於岸旁，林葬棄之中野。」據唐代佚名《東林十八高賢傳》載，慧遠遺命：「露骸松林之下，即嶺為墳，無土木同狀。此乃古人之禮，汝等勿違。」可知慧遠選擇以林葬的方式，將屍體慈悲施諸蟲鳥野獸，以結未來度化因緣。

道宣所言的四種葬儀，要義略述如下：

（一）火葬：西域流行。佛教自東漢傳入中原後，西域僧人多採取火葬方式，如鳩摩羅什即是。但是，這種方式被儒家視為有違孝道，北魏甚至立法不准。例如：師承佛馱跋陀羅的玄高禪師圓寂後，弟子本想舉行火葬，但因「國制不許」，才改成土葬。火葬後來也逐漸為中土接受，至今已成為最普遍的喪葬方式。

（二）水葬：在中土較不普遍，乃是將屍體隨水逐解，施予蝦蟹魚鱉等水族有情，基本精神與林葬相同，都是發揮臭皮囊利益眾生的剩餘價值。

（三）土葬：中國從夏商周三代開始，便流傳瓦棺、木棺的土葬儀式。中國儒家認為「身體髮膚受之父母」，注重保留全屍及入土為安的孝道觀念，故土葬在中土最為世人接受。

（四）林葬：又稱為野葬、尸陀林法，藏傳佛教則演變成天葬；亦即棄屍山林，將軀體施捨飛禽野獸食啖，以結佛緣。泰國等南傳國家，早期也流行林葬，許多善信更發願以林葬尸腐，助僧侶成就不淨觀的修學。

敦煌北朝石窟經變中，繪有捨身飼虎及割肉餵鷹等佛陀本生壁畫，這些是證得無生法忍菩薩「當生捨身度眾」、成就「勝義波羅蜜」的表現。至於未證無生的行者，或可效法菩薩慈悲與無我的菩薩行，將往生後的肉身施給畜生，以圓滿「布施波羅蜜」。

林葬約於六朝傳入中土，慧遠很可能是中國高僧首開風氣者。僧俗弟子效法繼起者逐漸增多：比丘如梁代慧球、智順；宋代法進、卲碩、慧安；唐代五祖弘忍弟子釋法持等；比丘尼有北魏惠香尼；居士有北魏洪亮、梁代太中大夫王敬胤、陳後主時的謝貞——他是東晉名相謝安的第九世孫，世代奉佛，其母出家為尼。

其中，值得注意的是唐代法持的遺囑：「令露骸松下飼諸禽獸，令得飲食血肉者發菩提心。」這當是僧侶之所以選擇林葬的根本精神。

然而，林葬因曝屍山林，任畜生吞噬，血肉橫飛，令人不忍卒睹，連後來篤信佛教的梁武帝都不能接受，認為必須下葬安棺，才是「禮教無違，生死無辱」。東晉南北朝時期，儒教土葬安棺的觀念依然強烈；因此，經過一段時間後，廬山四眾弟子因不忍尊師屍骨長曝荒野，便收餘骸入葬。

潯陽太守阮侃，發心於東林寺西嶺上，鑿壙開隧，築墓安葬。大文學家謝靈運為造碑文〈廬山遠法師碑〉，門人張野作序，以銘其遺德。宗炳又立碑於寺門，以垂範後世。慧遠生時「容儀端整，風彩灑落」，弟子也請畫師繪相於寺，供四眾弟子永恆追思與禮拜。如張野〈遠公序銘〉云：

> 妙法常存，悠悠莫往。若人乘生，皎如月朗。
> 遠賞鑑物，知狄知廣。息心空谷，訓徒幽壤。

東林寺內相傳為慧遠親植的羅漢松，蒼勁挺立，見證了慧遠於一千六百多年前在廬山殷殷訓勉徒眾的歲月，故有「六朝松」或「廬山第一松」的稱譽。

慧遠祖堂前有對聯道：「蓮花獨尋千載後，松柏猶香六朝前。」哲人已委，但法舍利常存，如池內白蓮與老羅漢松，香遠逸清，潤澤千載有緣。

東林念佛，薪火相傳

慧遠生前德業廣被，受到帝王公卿及庶民百姓各階層尊崇，圓寂後流風遺澤仍不減當年。

據《廬山蓮宗寶鑑》載，自晉至宋歷代帝王謚號追薦多達五次。晉安帝義熙年，謚「廬山尊者、鴻臚大卿、白蓮社主」；唐大中戊辰年，謚「辯覺大師」；南唐昇元三年，謚「正覺大師」；宋太平興國三年，謚「圓悟大師」，並命其墳為「凝寂之塔」；宋乾道二年，謚「等遍正覺圓悟大法師」。為別於隋代淨影寺之慧遠，後世多稱為「廬山慧遠」。

據北宋陳舜俞《廬山記》，遠公塔院，位於東西二寺間，旁有兩棵二十尺的晉杉，與今日所見佛手古樟不同。該塔除了宋太宗親自命名為「凝寂之塔」、簡稱「凝寂塔」外，後人又以其名或方位稱為「遠公塔」、「雁門塔」及「下方塔」。另外，明代王思任《廬山游記》則稱為「荔枝塔」，此名令人百思不解。

直到一九二〇年，日本真宗大谷派僧侶及學者常盤大定第一次到中國考察時，在西林寺大磚塔東丘，無意中發現一個密閉的石窟前有〈晉慧遠祖師之塔院〉石碑，裡面正是慧遠墓塔，塔左方還有一地宮，內藏北宋常總碑與南宋慧瑄碑。慧遠墓塔是印度早期覆鉢式塔，與著名的印度桑奇大塔（The Great Stupa at Sanchi）相類似。

常盤大定認為，這是中國境內晉代佛教石窟藝術現存唯一遺跡，比新疆敦煌等地的文物都早，而且有完整的紀年與史料佐證，彌足珍貴。該塔高約九尺，下方為八角形兩重基壇，上方是利用當地圓形卵石，層層積壘成半圓的覆鉢形狀，具有素樸古拙的禪風。

這時，人們終於明白「荔枝塔」是以其外型得名。難怪唐代詩人靈澈作〈遠公墓〉詩云：「古墓石稜稜，寒雲晚景凝；空悲虎溪月，不見雁門僧。」所謂「石稜稜」，就是形容墓塔疊石如荔枝樣。

學者李勤合指出，二十世紀八十年代時，因修一條至西林寺及東林寺的公路，大片塔林被毀，但地宮仍存。現今的遠公塔院及荔枝塔，是二十世紀九十年代重修，樣式基本保持原貌，但方位有所上移。

在遠公塔院旁，為果公塔院，是紀念近代復興東林寺及中國淨土宗的高僧果一上人舍利塔。果公塔院對聯曰：「果然成佛而去，一定乘願再來。」傳承了遠公結社念佛的宗風。

一九九三年，果一上人發願啟建四十八公尺的阿彌陀佛大銅像，可惜發願不久後便往生；後由繼任住持傳印大和尚及大安法師續建，並於二〇一二年底竣工，次年五月舉行東林大佛裝藏祝聖法會。這尊巨大的彌陀尊像，金色巍巍，慈眼俯視芸芸眾生，高四十八公尺象徵阿彌陀佛以四十八大願，接引有緣同生淨土。

東林大佛的完成，不僅接續了一千六百多年前廬山結社念佛的薪火，更印證了慧遠《法性論》所說：「至極以不變為性，得性以體極為終。」彌陀法身穿越千載而不滅，始終以圓滿證悟不可思議的功德慈化眾生，離苦得樂。

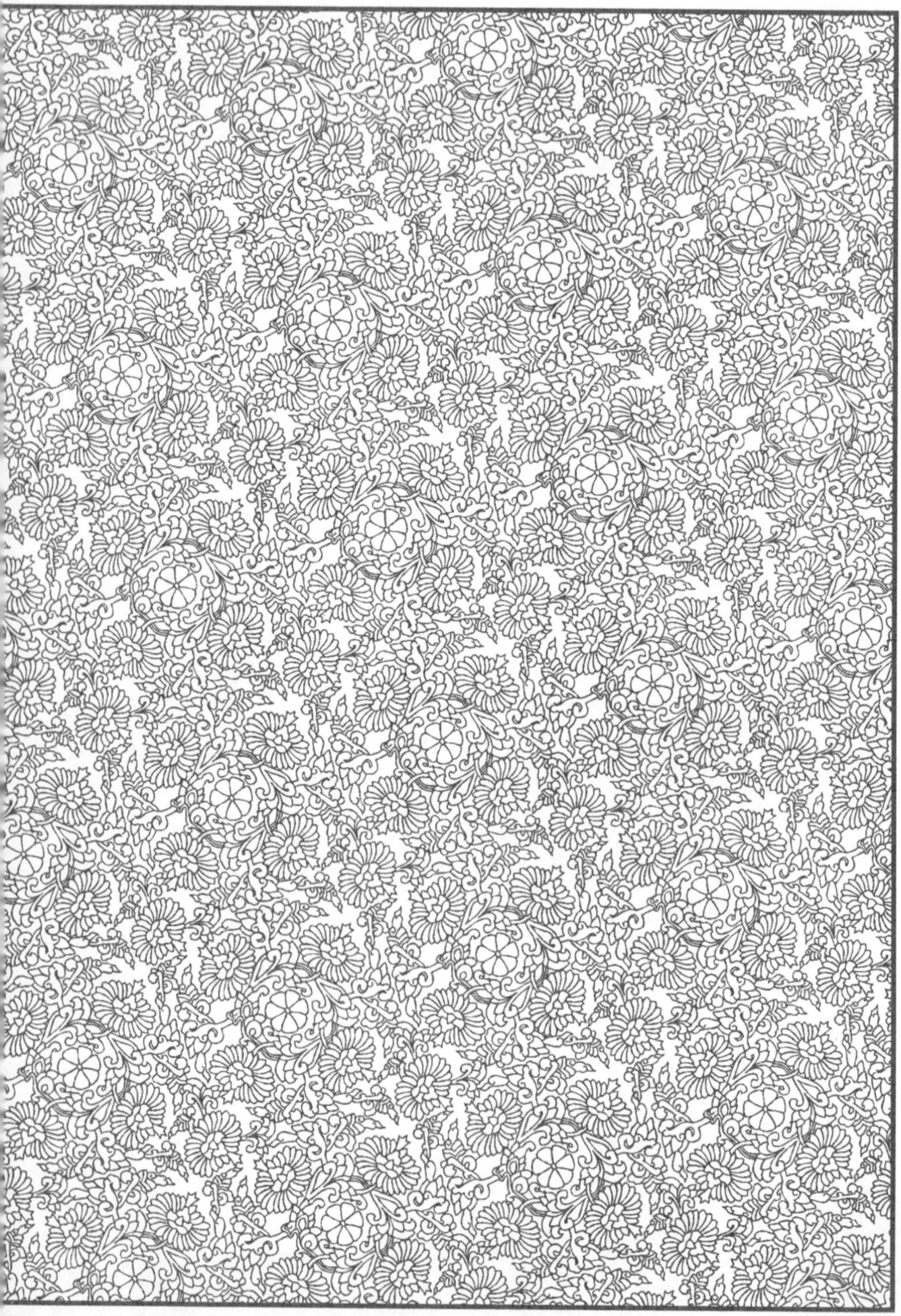

影
響

壹・傳承弟子

法師嗣沫流于江左，聞風而悅四海同歸，爾乃懷仁山林、隱居求志。於是衆僧雲集勤修淨行，同法飡(餐)風棲遲道門。

本書第四章曾提及，東林寺建成後，四衆弟子望風遙集，爭相問道。其中，具代表性的常住衆有十三位，影響深遠的遊方僧有四位，著名的高士弟子有五位。以下分述其生平。

常住衆

一、慧持

慧持（三三七至四一二）是慧遠小三歲的弟弟，性情沖默有遠量。慧持年少時以「善文史，巧才製」聞名，隨道安出家後「遍學眾經，遊刃三藏」。廬山往來三千位僧侶中，慧持被推為眾中之首。為了成就慧遠「送客不過虎溪」的誓願，以及兼顧廬山對外法務，慧持似乎成了慧遠的「分身」，代表廬山從事不少對外佛教活動。

慧持「形長八尺，風神俊爽」，既是廬山僧家威儀第一，更是冠絕名士風流，凡其法化之處，莫不造成轟動，且深獲敬重。在東晉高官中就有：衛軍瑯琊王珣「深相器重」；刺史殷仲堪「禮遇欣重」；後來篡位的桓玄更是驚歎「今古無比」而「大欲結歡」。甚至，遠在長安的鳩摩羅什也遙相欽敬，致書通好，與慧持結為善友。

太元十五年（三九〇）左右，豫章太守范寧，邀請慧持前往講說《法華經》與《阿毘曇心論》，造成四方雲聚、千里遙集的盛況。另外，慧遠也派慧持等人赴建康東安寺，參與《長阿含》等經的翻譯。

隆安三年，六十三歲的慧持決定巡禮峨嵋勝境，並於蜀地弘法終老。慧持到蜀地後，於龍淵精舍大弘佛法；凡入慧持堂上者，都被稱作「登龍門」。後來，蜀人譙縱叛亂，慧持避難陴縣，住在中寺；眾僧驚懼而逃，唯獨慧持一如往常在房前盥洗，神色安然。譙縱的侄子道福闖入禪房，見慧持彈指灑水，淡然自若；道福受震懾而感到愧悔，且汗流滿面。他出了寺門之後，便對手下的人說：「偉大的修行者確實與眾人不同啊！」

事過境遷後，慧持回到龍淵寺講經，又特別弘揚齋戒與懺悔法門，年歲越大、越是精勤講述。晉安帝義熙八年，七十六歲時圓寂於寺，臨終前勗勉弟子謹嚴律儀，並引經文：「戒如平地，眾善由生。」期望眾僧於行住坐臥，都應謹慎莫放逸！

二、僧濟

晉太元年中（約三八六年），十五歲時入廬山依止慧遠出家，後遍學大小諸經及世典書數，並能「遊鍊心抱，貫其深要」。慧持赴京師後，慧遠便指派三十歲的僧濟對外弘法。這位廬山新秀一登法座，便讓人驚歎是宿世講經大師再世。慧遠常對人說：「以後能跟我一同弘法的人便是僧濟了。」

不幸的是，僧濟約於義熙十一年（四一五）或更早即罹患重病；他從此萬緣放下，至誠求生西方並一心觀想、稱念阿彌陀佛。

在他往生前一晚，慧遠拿給僧濟一根蠟燭，囑咐他無常迅速，應一心繫念極樂世界依正莊嚴。僧濟手執燈燭，倚靠著桌案，妄想逐漸平息，憶佛念佛，相續而無亂。眾僧又為他轉讀《無量壽經》，以加強正念。到了五更，僧濟暫臥床上，夢見自己手持燈燭在空中飛行，阿彌陀佛將他放在掌上，帶著他遍遊十方國土。他醒過來後，便對看顧的沙彌說夢中見佛的感應，真是悲欣交集，也不覺有四大病苦了。

第二天傍晚，他忽然起身穿鞋，眼望虛空，似有所見。不久，又回床躺臥，容顏更加和悅，並對身邊人說：「我要往生淨土了！」說完右脇而臥，言氣俱盡，卒年四十五歲，在廬山追隨慧遠約三十年。

三、法安

又名慈欽，以「善戒行，講說眾經，兼習禪業」及「善能開化愚曚，拔邪歸正」著稱。

晉義熙年中，他遊化新陽縣，當地正鬧虎災，每晚都有一兩個人被咬死。法安無處掛單，便在神廟樹下通夜坐禪。天快亮時，一隻老虎口中銜一人而來；見到法安，便將人往樹邊一扔，歡喜雀躍地趴在法安面前。法安為虎說法及授戒時，老虎踞地不動，直到結束才離去。村裡的人知道後，驚呼法安為「神人」，消息傳遍全縣，士庶宗奉，虎災也從此消失。人們遂將神廟改為寺院，禮請法安住持。

後來，法安想在寺中立一尊銅青佛像，但財力不足。有一晚，他夢見一人來到床前對他說：「這下面有銅鐘」。他睡醒後一挖，果然發現二口銅鐘。他留一口青銅鑄佛像，另一口則供養慧遠鑄佛。

四、道祖

吳國（江蘇吳縣）人（三四七至四一九），年少便跟隨臺寺支法齊出家。幼年即嶄露才思，精勤務學。後與僧遷、道流等一起入廬山修行，七年後於廬山齊受具足戒，隨其所學皆日有增長。慧遠看了頗感欣慰，常說道：「道祖等人穎悟超群，倘若年輕人都如此，我就不必為後生晚輩擔憂了。」

不幸的是，僧遷與道流於二十八歲早夭，慧遠傷心嘆道：「兩位都是才義英茂、清悟日新的人才，竟然早逝，真令人痛心啊！」道流生前曾撰諸經目錄，未完而卒。道祖繼之完成，共有四部，各一卷，今已佚失。

晉安帝元興元年，瓦官寺曾邀道祖到建康講經；當時已把持朝政的桓玄，常去瓦官寺聽道祖講經，對這位年輕的僧侶讚賞有加，便向人說：「道祖是後起之秀，佛學造詣勝於慧遠，但儒學不如慧遠廣博罷了。」沒多久，桓玄為了替自己篡位延攬人才，先是勸慧遠罷道輔政被拒，後又看上道祖急欲羅致；道祖推辭，回到吳郡之臺寺。

桓玄纂位，國號楚，置百官，下勅吳郡送祖出京；道祖稱疾不赴，從此斷絕一切人際往來，終日講道。可見，道祖始終遵循慧遠「方外之賓」立場，不願沉浮於世。

五、曇邕

本姓楊，關中人，少仕前秦為衛將軍，曾經參與淝水之戰；秦軍大敗回到長安後，他澈悟無常而隨道安出家。道安圓寂後，曇邕南下廬山事慧遠為師，內外經書多所綜涉。曇邕志尚弘法，不憚疲苦，曾為慧遠入關致書羅什，往返十餘年不負使命。

曇邕為人「強捍果敢，專對不辱」。羅什圓寂後，京師道場僧鑑深為敬重，想延請他住持揚州；但曇邕以慧遠年高，想回廬山事師而婉拒。

曇邕形長八尺，雄武過人，在僧團是以「鼓擊風流，搖動峰岫」著稱；雖然也博涉內外群典，但與廬山這群注重細行的清雅文僧顯得格格不入。慧遠擔心一些後學無法容受曇邕的粗曠豪邁，甚至不相敬重；另外，他也覺得曇邕這幾年累積的資糧已足，必須沉潛靜修以成道業。於是，慧遠便找一個很小的理由將曇邕擯出僧團。

曇邕奉慧遠之命出山，卻無所怨忤；因為師徒相知，互信有餘。於是，曇邕帶著弟子曇果，在廬山西南方營立茅棚，每日澄思禪門。有一天，曇果夢見山神求受五戒，曇果告訴他們：「家師在此，可往諮受。」不久，曇邕便看到一位身著單衣披帽、風姿端雅的人，帶著二十多個人求受五戒。曇邕知是山神，便為其說法授戒；山神以外國匙筷供養，拜辭別後，不見蹤影。

慧遠圓寂時，曇邕獲訊後，奔赴號踊，痛深天屬（有血緣關係的親屬）。

後來，他前往荊州曇順主持的竹林寺，並圓寂於該寺。

六、曇順

黃龍人，以義學致譽。年少時受業於羅什，什驚歎道：「此子奇器也。」曇順後來至廬山跟隨慧遠修淨業，蔬食有德行，志道不群，利濟為本。

義熙六年到八年間，南蠻校尉劉遵於江陵立竹林寺，慧遠派曇順住持，順故於江陵盛弘念佛三昧。宋元嘉二年，別眾坐逝，異香滿室。

《北山錄》曾載佛圖澄以下法脈傳承為：道安、慧遠、曇順及僧慧；曇順被列為第四代傳人，曇順的高徒僧慧（四〇八至四八六）則被視為第五代傳人。

僧慧年少依止曇順於竹林寺出家，二十五歲能講《涅槃》、《法華》、《十住》、《淨名》、《雜心》等經論。又善長《莊》、《老》，西夏人遠來師之。宗炳每歎道：「西夏法輪不絕，實乃僧慧之功。」

南齊初，僧慧被立為荊州僧主，與玄暢並稱「黑衣二傑」（當時出家人多著緇衣；「緇」為黑中帶紅之色）。

七、僧徹

俗姓王，本太原晉陽人（三八三至四五二）。隆安二年，僧徹十六歲到廬山拜謁慧遠。慧遠看他不同凡響，便問他願意出家否？他答：「遠塵離俗，須發自本心；但繩墨鎔鈞，則須宗匠陶冶。」慧遠又說：「你若能出家，當得無畏法門。」

僧徹跟隨慧遠出家後，遍學眾經，尤精般若。僧徹問道之暇，喜讀世典，文學天分極高，一賦一詠，落筆成章。他曾到山南攀松而嘯，感受到清風遠集、眾鳥和鳴、超然勝氣的喜悅；回來後頗覺不安，便問慧遠：「律儀不許僧人歌弄管絃，戒律也禁止歌舞，若一吟一嘯，可否？」

事實上，慧遠並不反對吟詩作賦，因為他也曾帶領僧眾及劉遺民等文士遊山賦詩；只是，這時的僧徹不知密護根門，恐會心隨境轉。所以，慧遠對他說：「如果吟嘯會使你增加散亂，那便是不如法。」從此，僧徹就斷除一般文人吟弄風月、耽溺在自我感覺良好的習氣。

義熙三年，二十四歲的僧徹才出家八年左右，慧遠便令他講《小品般若經》，同門師兄弟都不看好他，就像道安與慧遠年輕時一樣。然而，當僧徹登上法座，竟有「詞旨明析，聽者無法折其鋒」的表現，才深得門人推服。

慧遠圓寂後，僧徹南遊荊州，止江陵城內五層寺。晚移琵琶寺，彭城王劉義康、儀同（高級文官）蕭思話等，並從受戒法。

八、慧要

善解經律，尤長巧思，具有菩薩工巧明，是個生活智慧科技的發明家。當時，山中沒有計時刻漏，慧要便刻木為十二葉蓮華，植於水中，內設機關，藉著水流波轉，凡折一葉是一時，以定十二時辰。這項實用的發明，與刻漏及日晷的時間無差，使廬山六時行道與念佛共修等法事，能準確無誤地規律運作，對僧團貢獻頗大。

另外，他還設計了一隻木鳶；當時沒有電池，居然能飛行數百步，讓人嘖嘖稱奇。木鳶其實是古代木製風箏，也是飛機進化史中最早的飛機雛型；據傳說，春秋時魯班曾乘木鳶飛行回家。因此，慧要這項發明，可能多少具有通訊傳書的功能；至於能否載人在天空飛翔，那就不得而知了！

九、曇恒

河東人（三四八至四一八），童孺隨慧遠出家為小沙彌。在慧遠教導下，十三歲便能講述大乘經論，深明至理。受具足戒之後，內外典籍，皆悉備通。其為人「德行孤清，歲寒無改」。性喜棲神幽境，常有群鹿馴遶座隅，物情自伏。從入廬山後，便專修淨業。義熙十四年，七十一歲時，端坐合掌，厲聲念佛而化。

十、道敬

道敬（?至四二〇）為瑯琊王姓世族，門第顯赫，是大書法家王羲之的曾孫、王凝之及謝道韞的孫子。王凝之雖然信奉天師道，但擔任江州刺史時曾邀請慧持等參與《阿含經》的翻譯，與廬山僧團有甚深淵源。

道敬隨慧遠出家後，博覽儒書，兼明至典；十七歲通達大乘經論，日誦萬言，才學幽深，為時賢敬伏。然每嘆：「戒律終身難全，願淨六根，但稟一戒。」慧遠知其堅正，便允其特例；道敬果不負師望，道業冰霜瑩然，德望尤著。

慧遠圓寂後，他棲隱若耶山修行。永初元年，五十一歲端坐念佛而化，眾見光明滿室。

十一、道昺

出身潁川陳氏（？至四三六）。幼出家為慧遠弟子，在慧遠教導下「該通經律，兼明莊老」。其人品「志節孤峻，言與行合」，更深究念佛三昧義理、實修無間。義熙十四年，豫章太守王虔入山謁敬，祈請道昺為「山中主」，紹慧遠之席；道昺以道源純正，獲四眾宗仰，成為慧遠廬山法嗣的繼承者。元嘉十二年，時年七十一歲，集眾念佛，就座而化。

十二、曇詵

廣陵人（？至四四〇），幼年即出家為慧遠弟子。

曇詵頗通外學，是個天生的動植物學家；他能根據山中鳥獸的毛色，知道牠們是聰明或愚鈍的動物；此外，並洞曉草木善惡性及甘苦味。

他也擅長講經，儀表「風神超朗，氣岸凝遠」。他所傳抄佛典經論，謹慎忠實，能使典籍按本不移流傳。生平著作有《注維摩經》及《窮通論蓮社錄》。

十三、道汪

本姓潘，長樂人也，少孤隨叔在京師。十三歲投廬山慧遠出家，研律習禪，窮覽數論，兼涉外典。每有新出諸經，靡不精綜。

十多年後，因《大般涅槃經》傳到江左，道汪遂離開廬山重回京師，參與譯經與義理深研。據傳，曾行梁州（今陝西境內），途遇羌賊奪其衣鉢，汪與弟子數人誓心共念觀世音聖號，頓時雲霧覆身，群盜不見，於是免難。

道汪身長七尺七寸，姿禪高秀。後來到蜀地弘法，深受徵士（學行皆高的隱士）費文淵等人敬愛，於州城西北立祇洹寺。道汪大弘禪戒，巴蜀上萬僧尼依止，又數千餘家流民有半數皆蒙教化，聲譽顯著，洽聞朝野。

參學遊方僧

一、竺道生

本姓魏，鉅鹿人（三五五至四三四），為寓居彭城官宦仕族。自幼穎悟，聰哲若神，後隨竺法汰出家。十五歲便能登臺講經，開解深義，辯才無礙，雖宿望學僧、當世名士，莫敢酬抗。受具戒後，入廬山幽棲七年，隨慧遠及僧伽提婆廣學大小乘法。

西元四〇五年左右，與慧叡、慧嚴、慧觀等人至長安，從羅什受業並參與譯經，與僧叡等並稱「羅什四傑」。四年後，道生重回廬山，並將僧肇所著〈般若無知論〉呈予慧遠，促進長安與廬山僧團義學的交流。

竺道生在長安所學「妙貫龍樹大乘之源，兼綜提婆小道之要。」為當時法匠，住京師青園寺，深獲南朝宋太祖敬重。他常感嘆時人「多守滯文，鮮見圓義」，不知「得意象忘」之理，便著說〈善不受報〉、〈頓悟成佛〉及〈二諦論〉等，致使守文之徒多生嫌嫉，紛起抗衡。

法顯帶回六卷本《涅槃經》剛傳到京師時，道生剖析義理，洞入幽微，大弘涅槃學，並主張闡提也可以成佛。由於當時大本《涅槃經》尚未傳出，道生孤明先發，被視為邪說，約於西元四二八年被擯出京師。道生當場立誓：「若我所說與實相不相違背者，願捨壽之時據師子座！」言畢，拂衣而遊。

道生先是到吳地虎丘山，不到十天就有數百學徒跟隨學法，並傳出「生公說法，頑石點頭」的傳說。不久，大本《涅槃經》譯出，果然有「闡提有佛性並可成佛」之說。道生獲得此本後，便於南朝宋元嘉十一年，在廬山精舍升法座，開講《涅槃經》奧義，觀聽者莫不悟悅；法席將畢時，道生端坐正容而逝，道俗嗟駭。消息傳到建康京邑時，諸僧莫不感到內慚自疚，並對道生更加信服，後來被譽為「涅槃之聖」。畢生著作甚多，著名思想有「闡提有佛性」及「頓悟成佛」等說。

二、慧觀

俗姓崔，清河人。十歲時便以博見馳名，弱年出家遊方受業，後入廬山隨慧遠學法。羅什入關後，與道生、慧叡、慧嚴等赴長安求法。曾作〈法華宗要序〉，獲得羅什高度讚許。時人更稱，羅什之弟子中：「通情則生（道生）、融（道融）上首，精難則觀（慧觀）、肇（僧肇）第一。」

慧觀後來追隨覺賢學習禪法；覺賢後因遭誤會被擯出長安，他與寶雲一路護送禪師回到廬山。一年多後，覺賢、慧觀及寶雲等離開廬山下荊州，受到司馬休之的敬重，為其立高悝寺，荊楚之民半數歸佛。後劉裕擊敗司馬休之，在江陵也很傾心接待慧觀。

期間，卑摩羅叉將《十誦律》補譯為六十一卷，並在江陵等地大弘律法。慧觀聽後深括其宗旨，將制戒輕重條文寫成兩卷，送還京師；一時僧尼披習，競相傳寫，紙貴如玉。

慧觀最後駐錫在京師道場寺。因為他「妙善佛理，探究老、莊，又精通《十誦》，博採諸部。」故求法問道者，日不空筵。慧觀與南方最傑出的譯師寶雲共同推動許多譯經事業，曾邀請求那跋摩、僧伽跋摩及求那跋陀羅等西域高僧，共同譯出《雜阿含》、《勝鬘》、《楞伽》等經論。

三、慧叡

冀州人（三五五至四三九）。少出家，執節精峻，常遊方而學經，最遠抵達南印度邊界，後依止廬山從慧遠學法；不久，又與道生等人師隨羅什。

慧叡年輕遊歷諸國，精通多國語言，對於「音譯詁訓，殊方異義」，無不通曉。後來，北涼譯的《涅槃經》傳到南方，慧觀、慧嚴及謝靈運都感覺品疎詞野，所以重譯潤色刪削為南本《涅槃經》。當時謝靈運曾諮問慧叡一些梵漢對譯的難題，獲得滿意答覆並著成《十四音訓敘》。

四、道溫

姓皇甫，安定朝那人（三九七至四六五），高士謐之後也。義熙八年，十六歲入廬山依止慧遠學法數月，後遊長安師從羅什；數月後羅什圓寂，道溫很可能跟隨羅什高徒在長安學法。

元嘉年間，道溫回到廬山的「祖庭」襄陽檀溪寺，大開法筵。他擅長講述大乘經典，兼明數論，樊鄧釋徒並從師之。元嘉五年至七年，吳國張邵任雍州刺史、鎮襄陽等地，張邵之子張敷亦常到寺裡聽經，張邵問道溫如何？張敷答：「義解足以析微，道心未易可測。」

於是，張邵親自前往檀溪寺等候，深為道溫神俊氣質攝受。便告訴道溫：「法師倘能還俗，我當予您別駕的官職。」道溫立即回答：「檀越居然以桎梏誘人！」當天，道溫立即辭往江陵。張邵追之不及，不覺嘆恨。

孝建初年，道溫被敕下都止中興寺，大明年中敕為都邑僧主。道溫後來講經傳法不遺餘力，數感神異，帝悅之，賜錢五十萬。時人便流傳稱說：「帝主傾財，溫公率則；上天懷感，神靈降德。」道溫於宋太始初年，六十九歲時圓寂。

一、劉遺民

原名程之，字仲思，彭城（今江蘇銅山縣）人（三五二至四一〇年），為漢代皇室楚元王後裔，祖先歷晉世至卿相。年少喪父，事母至孝，其學妙善老、莊，旁通諸子百家及墳典，尤好佛理，故深得殷仲堪、桓玄等官宦士林的崇仰。

遺民早年任江州府參軍時，已欽慕慧遠聞法。隆安五年，其四十四歲時，轉任潯陽柴桑令，藉此蓄積錢財，作為入山道糧。該年桓玄預謀篡位，朝野動盪不安。一年後，遺民辭官歸隱，結廬西林寺澗北，別立禪坊，蔽以榛莽，生活艱苦，安貧不營貨利。他與周續之、陶淵明並稱「潯陽三隱」。

劉遺民在廬山師事慧遠十二年（另說十五年），是諸賢中最能萬緣放下、精研佛理、嚴持淨律及深修念佛三昧的居士，被推為蓮社上客。他也是慧遠的得力助手，曾代表廬山貽書關中，與羅什及僧肇二師通好。尤其，當竺道生帶回僧肇所著〈般若無知論〉時，他與慧遠大為讚賞之餘，更與僧肇書信往返問疑；僧肇看到他的〈念佛三昧詩〉後，讚譽他為「能文之士」。

義熙六年，遺民病重。他在慧遠的指導下，勤修念佛三昧，專誦阿彌陀佛。到了六月初時，才半年時間，便行路遇像，見佛白毫相及佛真影，阿彌陀佛手摩其頂；又見佛於空現光，照天地皆作金色，自己身披袈裟於七寶池中浴。遺民見佛後，更勤持八關齋戒及修福，發願速盡壽命，又請眾僧轉讀《無量壽經》、《法華經》二十七天。

往生前，他自知時至，身無疾苦，便告訴眾人，切勿哭泣，以免惱亂；並請行香供養釋迦佛，以感念佛宣淨土使知有阿彌陀佛。臨終前，告誡兒子，勿忘孝道，並囑咐「即土為墓，勿用棺槨」。不久，他西面端坐，斂手氣絕。

「遺民」一名的由來有二說：一是入廬山後，自謂是國家遺棄之民，故改名遺民。二是其生前，謝安與劉裕都曾延攬他任官，但皆不就；宋武帝劉裕為表其不屈亮節，號之為「遺民」。

二、周續之

字道祖，雁門人（三七七至四二三），與慧遠同鄉。八歲喪母，哀戚過於成人，奉兄如事父。其生卒年有異說，若從《（南朝）宋書》之說，周續之十二歲（三八八年）曾求學於豫章太守范寧所立郡學，不到幾年便通達五經（《詩》、《書》、《易》、《禮》、《春秋》）、五緯（《詩緯》、《書緯》、《易緯》、《禮緯》、《春秋緯》），人稱「十經童子」，名冠同門，號曰「顏子」。

周續之十七歲左右，由儒入佛，入廬山隱居，奉慧遠如師如父，至少有二十三年以上。他認為，既然身的苦無法迴避，就當減少世俗累贅，故發願終身不娶妻，布衣蔬食，淡泊度日。

太元十八年，戴逵對佛教因果業報有疑，作〈釋疑論〉寄呈慧遠，十七歲的續之與慧遠共讀後，作〈難釋疑論〉與戴逵往返論駁（詳見本書「影響」部分）。此外，周續之也隨慧遠習儒家詩禮等學，成為國家仰重的禮學大師。

慧遠圓寂後，他應當時太尉劉裕之邀，出廬山赴京師太尉府中，為劉裕之子（義符）講《禮》月餘，後回廬山。永初二年，劉裕滅晉、成為國主，便於京師東郭外為其開館授徒，教授儒典《禮》、《毛詩》、《公羊傳》等學，並接受時人問禮。周續之以「辨析經奧」獲譽，時號為「通隱」。

周續之居隱廬山期間，曾三辭徵辟，拒絕為官，為「潯陽三隱」之一。然而，改朝換代後，他卻以儒者的身分，三應劉裕等人之邀為士子講學。有人問：何以常出入皇朝授課？續之笑答：「心馳魏闕者，以江湖為桎梏；情致兩忘者，市朝亦巖穴耳。」可見，他跟隨慧遠修行多年，已能躬踐佛家「心無偏吝」及「情無取捨」的胸懷，故能超越晉宋對立的兩端，慈悲平等地為士子講學。昇平元年，卒於鍾山，年四十七歲。

三、雷次宗

字仲倫，豫章（今江西南昌）人（三八六至四四八），自幼有隱居之志。弱冠入廬山，師從慧遠二十年；篤志好學，尤明《三禮》、《毛詩》。隱退不交世務，拒官不受征辟。其〈與子姪書〉曰：

弱冠，遂托業廬山，逮事釋和尚。於時師友淵源，務訓弘道，外慕等夷，內懷悱發；於是洗氣神明，玩心墳典，勉志勤躬，夜以繼日。爰有山水之好，悟言之歡，實足以通理輔性，成夫亹亹之業，樂以忘憂，不朝日之晏矣。

可見，慧遠精妙的學問與實修，是諸賢長隨修道之因。

慧遠圓寂後，雷次宗回南昌開館授徒，並謂家人：「及今未老，尚可勵志，成西歸之津梁。自今以往，家務大小，一勿見關。」雖然他從事世間教育，依然以修持淨業為先。元嘉十五年，宋文帝召入京師，為其開館於雞籠山，授徒百餘人。學生中最知名者，即後來的齊高帝蕭道成，他當年才十三歲。

宋文帝數次親臨學館，「資給甚豐」，又授給事中官職，然次宗皆不受，還歸廬山，講學不倦。後文帝又強召入京，他住在文帝為他建造的招隱館，每次去延賢堂為太子及諸王講經時，都不從公門進去，而從華林園東門入。不久，無疾而終於鍾山，年六十三歲。

四、宗炳

字少文，南陽郡涅陽（今河南鄧州）人（三七五至四四三）。家居江陵（今屬湖北），出身官宦士族。妙善琴書，精玄言佛理，為南朝第一流的山水畫家與美學家。殷仲堪、桓玄，曾辟為主簿、舉秀才，皆不就。劉裕篡晉建宋，亦辟為主簿，仍不就，問其故，他答：「栖丘飲谷，三十餘年。」後又屢辭征辟，堅持隱居不仕。在他心中，「祿如腐草，勝衰何然」。

元興元年，二十七歲的宗炳入廬山依止慧遠，並參預與結社念佛。在他心目中，慧遠是一位「高潔貞厲、理學精妙」的大師，經常與弟子們在大自然的崖樹澗壑間談論佛法，時而引經據典開導眾心；他的言行舉止，都能整肅人心，使人自然向道。

宗炳第一次在廬山只有六十天，後被其兄南平太守宗臧逼令還家，於江陵三湖立宅。義熙元年，他第二次上廬山，慧遠親自為他與雷次宗講解《喪服經》。慧遠圓寂後，雷次宗曾為此經作注，並署己名。宗炳便寫了〈寄雷次宗書〉提醒他，這是兩人於慧遠座下聽學，怎能只題自己的名字？顯然為恩師的著作權抱不平。

他一生雅好山水，往輒忘歸。嘗西陟荊巫，南登衡岳。晚年便將山水繪於室內，「澄懷觀道，臥以遊之，撫琴動操，欲令眾山皆響。」卒於元嘉二十四年，年六十九歲。其代表作〈畫山水序〉是中國最早的山水畫理論；〈明佛論〉則是繼承慧遠「神不滅論」思想的護法之作。

五、張野

字萊民，南陽宛人（三五〇至四一八），徙居尋陽柴桑，與陶淵明有姻親關係。為學兼通儒佛，尤善屬文。性孝友愛，曾將田宅悉盡與弟，能與九族同甘共苦。地方及朝廷，曾多次舉官皆不就。後入廬山依止慧遠，與劉遺民及雷次宗等同修淨業。

慧遠圓寂時，謝靈運作銘，張野作序首，自稱門人，服膺慧遠教義。義熙十四年（四一八），與家人辭別後，入房室端坐，念佛往生。時年六十九歲。

貳・慧遠的重要思想與著作

方外之賓，服膺妙法，洗心玄門，一詣之感，超登上位。如斯倫匹，宿殃雖積，功不在治，理自安消，非三報之所及。

慧遠內通佛理，外善群書，生前善屬文章，辭氣清雅。一生著述頗多，有論序銘贊詩書等類，後人集為《廬山集》十卷、五十餘篇，流傳於世。

南齊釋道慧十四歲時，曾讀《廬山集》，不禁感慨自己生不逢時，未能親承慧遠座下學法。便與智順溯流千里，到廬山朝禮慧遠的遺跡，並在東林寺西邊客寮，掛單三年，才返回建康。

由此足見慧遠德範與《廬山集》對後人深遠之影響，宋朝著名的元照律師也曾重刻此書並作序。慧遠的思想與著作中，對後世影響最大的有六種：〈三報論〉、「毗曇思想」、《法性論》、《大乘大義章》、《沙門不敬王者論》、

〈沙門袒服論〉，以下分別介紹其主要內容。

〈三報論〉

據唐代道宣律師《廣弘明集》記載，《江令集》一書曾提到慧遠未出家前一段鮮為人知的軼事。

慧遠出生於雁門郡樓煩縣，屬并州管轄，古來以善騎射聞名（參見第一章）。據說，慧遠年輕時也像一般樓煩少年擅長弩射。有一次，他曾經射中鶴窟的雛鶴，接著又瞄準鶴母；正準備射擊時，發現母鶴竟然不動；他一看，母鶴已死於窠中。原來，母鶴懷疑愛子猝死，於是肝腸寸斷、悲傷而死。慧遠見了好生懺悔，覺得自己太殘忍了，真是罪過無邊！從此，捨棄弩射，而發菩提心。

很難想像一代淨土宗祖師慧遠大師，未學佛前也跟多數人一樣不明因果，為了滿足口腹之慾，造了不少殺生的惡業。基於這樣的理由，慧遠出家後便經常講述持戒與安世高的因果業報；他認為，深信業報是確保不墮惡道與往生淨土的基本資糧；而他對於那些懷疑因果業報的人，更有著深切的同情與導迷為悟的企盼。

約莫於太元十八年（三九三），也就是結社念佛的前十年左右。隱居在會稽的名士戴逵寫信給慧遠，表達對自身坎坷遭遇的不平、以及對於因果業報的質疑。

戴逵師從范宣子，是東晉知名的畫家、雕塑家及古琴名家；范宣是慧遠無緣的老師，戴逵卻有幸成為范宣的高徒及姪女婿。戴逵曾耗費十年，在京師瓦官寺塑造五方佛像，與顧愷之的〈維摩圖〉，並稱「瓦官寺三絕」（另一為師子國〔今斯里蘭卡〕玉佛）。他的個性樸實無華，以儒道修身，一生多次拒官，長年遁隱。

他在〈與遠法師書中〉說道：「弟子常覽經典，皆以禍福之來，由於積行。

是以自少束修，至於白首，行不負於所知，言不傷於物類。而一生艱楚，荼毒備經，顧景塊然，不盡唯已。」

戴逵也是個狷介有德之士，他甘於平淡，也好樂佛理。他自認為一輩子都努力修身養性，卻處處碰壁，內心因而悲憤難遣，便問道慧遠指點迷津。信中又說：「夫冥理難推，近情易纏；每中宵幽念，悲慨盈懷。始知脩短窮達，自有定分；積善積惡之談，蓋是勸教之言耳。近作此〈釋疑論〉，今以相呈。想消息之餘，脫能尋省。」

從戴逵的信可知，他學佛並未深入，故未能以佛法消融人我是非及五毒煩惱，以致懷疑因果業報說的真實，認為那只是「勸教」之言。

他呈給慧遠的〈釋疑論〉，是以「安處子」及「玄明先生」主客問答形式問難。安處子首先質疑儒家傳統因果觀，如《易經》中所說：「積善之家必有餘慶，積不善之家必有餘殃。」他認為，如果子孫的福禍是取決於祖先的行為時，那後代還須要修行嗎？

玄明先生（戴逵自己）表示贊同，而且舉出現實生活與古籍中很多「積善遭殃」、「積惡得福」的反例。例如：伯夷叔齊積仁，卻遭惡死；商臣弒父惡極，子孫卻昌盛興旺等。因此，戴逵認為人的命運都是由自然所決定。他說：「人資二儀之性以生，稟五常之氣以育。性有脩短之期，故有彭殤之殊；氣有精麁之異，亦有賢愚之別。此自然之定理，不可移者也。」

戴逵深受東漢道家王充元氣論的影響，認為「金、木、水、火、土」五氣化育人身，氣的精粗決定了聰明愚笨。所以他的結論是：「賢愚善惡，脩短窮達，各有分命，非積行之所致也。」人一切都是先天注定了，跟為善作惡毫無關係！

抱持這種宿命論的人，很容易在對抗命運無效後，選擇向命運妥協，然後乾脆不修行，過著自暴自棄的生活。所幸，戴逵還是深具善根，他說自己仍會實踐君子仁善之行，但再也不相信因果，也不想期待積善會獲得善報了。

慧遠看完他的書信與文章後，非常疼惜戴逵的處境；由於當時身體微恙，他便寫了第一封〈遠法師書〉表達關心，其餘請十八賢中的周續之答覆。周續之寫了〈難釋疑論〉反駁戴逵的宿命論，文中還列舉很多古例，以反駁戴逵乖謬的善惡業報說。

但是，戴逵看了非但無法心悅誠服，反倒拿周續之的例子來支持自己的觀點，並覆信〈釋疑論答周居士難〉。

戴逵對佛教因果業報的質疑，其實也反映了多數人的困惑。由於茲事體大，慧遠只好親自出馬。在講經閒暇之餘，慧遠抽空寫了第二封〈遠法師書〉並作〈三報論〉答覆戴逵。信中說道：

見君與周居士往復，足為賓主。然佛教精微，難以事詰；至於理玄數表，義隱於經者，不可勝言。但恨君作佛弟子，未能留心聖典耳。……

佛教因果業報說，是佛教的基本教義，一般人以為很簡單，其實背後卻是甚深緣起之理。業報不是簡單一因一果的對應關係，而是由重重無盡的業力網絡相互交感，牽一髮而動全身；有證量的便能智信，善根好的可以仰信，介於中間的往往狐疑不信。當戴逵與周續之流於事例爭辯時，真理反而越來越模糊了。慧遠感慨的是，戴逵號稱佛弟子，竟不肯好好對經如對佛，靜下心來讀經，其實經典中隨處可見這樣的道理。

慧遠寫的這篇〈三報論〉，副標題為「因俗人疑善惡無現驗作」，一針見血指出：人們不信的原因是看不到、聽不到，無法驗證，所以覺得因果業報是無稽之談。針對戴逵質疑儒家福禍子孫的因果觀，慧遠說：

原其所由，由世典以一生為限，不明其外；其外未明，故尋理者自畢於視聽之內。此先王即民心而通其分，以耳目為關鍵者也。

因為，儒家講的修身、齊家、治國、平天下之理，都是局限於此世的努力，並不明白未知的過去與未來；佛教的三世業報思想，正好可以彌補儒家的不足。

因此，慧遠的〈三報論〉首先說明，業報分三種：第一種是現世報，今生造業今生受報；第二種是生報，下輩子才受報；第三種是後報，經過二生、三生乃至千生以上才受報。慧遠進而指出，人的「心」是受報的主體，人們對境產生的心念與反應，是決定業報強弱及受報時間早晚的關鍵。

佛圖澄以宿命智論說石虎的前世今生，便是慧遠〈三報論〉的最佳例證。有一次，後趙石虎攻打前燕與前涼，接連吃敗仗，又被東晉大將桓溫夾攻，四面受敵。石虎氣急敗壞地跑去找佛圖澄理論，說自己一向誠心奉佛供僧，怎麼沒有得到佛的保佑，佛法根本不靈驗！

證得六神通的佛圖澄就跟他說：「大王前世是位大商人，曾到罽賓寺院供僧，當時有六十位阿羅漢應供，我也在場。有位得道人對我說，這個富商死後會轉生為雞身，之後又轉生到中國當皇帝。如今您不是一國之君了嗎，怎能說佛法不靈驗呢？這都是您自己前世積福修來！至於勝負乃兵家常事，怎能怨謗三寶，夜起毒念呢？」石虎因被看穿而心驚，趕緊跪下懺悔。

慧遠的〈三報論〉總結說到：

方外之賓，服膺妙法，洗心玄門，一詣之感，超登上位。如斯倫匹，宿殃雖積，功不在治，理自安消，非三報之所及。

言下之意，是鼓勵戴逵應至心歸依三寶，透過不斷持戒念佛、自淨三毒煩惱，將來往生極樂世界，便能真正擺脫業報的束縛，而獲得究竟解脫。

戴逵看了慧遠的書信，內心非常感動，趕緊捎信到廬山。他告訴慧遠：「〈三報論〉旨喻弘遠，妙暢理宗；覽省反復，欣悟兼懷。」戴逵不僅心開意解並有所體悟，同時也深切反省懺悔：「雖伏膺法訓，誠信彌至；而少遊人林，遂不涉經學，往以艱毒交纏。」

戴逵所說的就是多數人的通病啊！雖然好心學佛，但又放逸玩樂，不能深入經藏，善法滋潤，以致煩惱纏身。

戴逵最後說道，自己必當依教奉行，更希望有朝一日能「親承音旨，蓋袪其滯」。然而，令人遺憾的是，慧遠也始終沒有等到戴逵的到來；一年後，傳來的竟是戴逵病逝的消息！

「毗曇思想」

佛教三藏佛典，包含經律論三藏。其中，小乘論藏稱為阿毗曇，全稱阿毗曇磨（Abhidharma），略稱毗曇。佛陀圓寂後，弟子們開始整理與歸納最早的經典《阿含》（āgama）之內容，這是最早的毗曇。後來，各部派論師也依據其傳承思想及實修經驗，對經典進行全面性、系統性及深刻細膩的析論，使人能正確掌握佛法綱要、義理精髓與禪觀要領。

道安非常重視毗曇，因為他認為法數名相清楚的毗曇是「眾經之喉」，也是學習般若重要的途徑。慧遠重視毗曇，主要就是受師父道安的影響。

慧遠在廬山般若臺譯場，第一位迎來的譯師僧伽提婆，就是罽賓（今克什米爾）說一切有部著名的毗曇論師。如本書第六章所說，僧伽提婆在廬山譯經傳法七年（三九一至三九七），主要譯出《阿毗曇心論》第三譯及《三法度論》。另外，隆安二年（三九八），他在建康翻譯《中阿含經》，慧遠派慧持及道祖等人參譯，而後也重譯了道安時代譯的《增一阿含經》。

慧遠現存的著作有四篇經序，其中兩篇是他為《阿毗曇心論》及《三法度論》所寫序文。《阿毗曇心論》是有部《大毗婆沙論》的精髓。慧遠在序中首先說明，該論共有二百五十偈，能讓人「管統眾經，領其宗會」；其次，僧伽提婆吟詠的頌聲，彷彿天樂，具有「拊之金石，則百獸率舞；奏之管絃，則人神同感」等不可言喻的自然神趣；最後，指出此論對禪修的助益，能使人「明於三觀」，然後「練神達思，水鏡六府，洗心淨慧，擬跡聖門。」

至於《三法度論》，據學者研究接近犢子部思想。本論分三品，每品三真度（犍度），共九真度，以闡揚解脫道。慧遠在序首先提到，該論出自四阿含，是山賢所作；雖然「以三法為統，以覺法為道」，卻涵蓋無數佛法類型與智慧。其次，它能讓人「觀諸法而會其要，辯眾流而同其源。」最後，慧遠認為該論既是初學的入門書，也是舊學取之不盡的智慧華苑。

從以上可知，毗曇具教、觀二門的殊勝，這正是重視解行並重的慧遠推崇之主因。尤其，慧遠〈神不滅論〉中火薪相傳的比喻及〈三報論〉業報承擔者之說，都與犢子部「非即蘊非離蘊補特伽羅」（不可說我）的施設有關。

總之，道安與慧遠師徒對毗曇譯經與義學的推動，東晉從北到南，在僧界與王公名流間掀起一股修學毗曇熱潮，延續到南北朝而不墜，並有一批毗曇師現世傳法。

《法性論》

慧遠畢生的核心思想與實修理念，主要是傳承道安「本無宗」的般若學思想。他二十一歲聽聞道安講般若，豁然悟而出家；後開講實相義，又於荊州辯破道恒「心無義」邪說。西元三八三年隱居廬山後，仍深研與講述般若不輟，並造就一批能說、擅寫般若的出家弟子，足見慧遠是眾所公認的般若學權威。

東晉般若學以「六家七宗」最著名。僧叡曾評論說：「格義迂而乖本，六家偏而不即；性空之宗，以今驗之，最得其實。」僧叡是道安的弟子，後來跟隨羅什譯經學法；他以羅什的般若中觀檢驗，認為只有安師的「本無宗」是最合乎緣起性空之理。主要的理由是，道安在飛龍山與僧先論法時，便主張揚棄格義，所以道安的般若學堪稱純正。後來慧遠以「連類」解釋般若，獲得安師同意，理由是：格義往往牽強比附，導致扭曲原意；但「連類」只是援引類似例證說明，並不違背經義，羅什、僧肇等人講經也不乏以連類曉諭人心。

慧遠對「六家七宗」也有類似的評價，據謝靈運《廬山遠法師碑》記載，慧遠著《法性論》的動機是：「心本無二，即色三家之談，不窮妙實，乃著《法性論》，理深辭婉，獨拔懷抱。」

慧遠眾多著作中，《法性論》堪稱為最重要的代表作。此論以闡述般若實相義聞名於世，羅什高徒僧肇曾將其列為當時「實相五義」的「法性家」，足見《法性論》在教界的份量。《東林十八高賢傳》記載，此書原有十四章，可惜全文大多散佚。現今所剩幾句殘文，散見於僧祐、慧皎的《高僧傳》；僧肇〈宗本義〉及〈答劉遺民書〉；陳・慧達及唐・元康的《肇論疏》、《宗本義疏》、《不真空論疏》等處。此外，記載慧遠與羅什書信往返的《大乘大義章》第二、十三章及〈大智度論鈔序〉中，也可一窺其法性思想。

《法性論》的撰寫時間，據陳・慧達《肇論疏》云：「遠師《法性論》成後二章，始得什師所譯《大品經》以為明驗，證成前義。」因此可知，前二章是公元四〇一年羅什入關前所寫，其餘部分則是羅什《大品般若經》譯校完畢後、也就是西元四〇四年四月以後才完成。

從慧皎《高僧傳》可知，漢譯的佛經中當時尚未有「涅槃常住」之說，只提到如來壽命長遠而已。慧遠不禁感慨說道：「佛是至極，至極則無變；無變之理，豈有窮耶？」這是他撰寫《法性論》的另外一個動機。書中有云：「至極以不變為性，得性以體極為宗。」意思是，佛是體證究竟涅槃者，涅槃以不變為其法性；要證得法性，應以體證涅槃為目標。

羅什入關後，慧遠致信問好並寄上《法性論》二章給羅什。羅什看了非常驚訝，便說：「邊國人未有經，便闇與理合，豈不妙哉？」羅什是名震五天竺的三藏法師，又是傳承龍樹菩薩般若中觀思想的大乘論師，他的這番讚歎，說明慧遠般若見地的正確與高妙。也正因如此，西元四〇五年羅什譯出《大智度論》後，關中沒有人敢寫序；最後或是在羅什推薦下，由姚興親自邀請慧遠寫序。

至於羅什所指當時未傳入中國的經是哪一部？學界有爭議，各持《大涅槃經》或《大般若經》一說。事實上，不論羅什所指為何，佛陀在此二經皆一再告誡，菩薩當發大悲心並應廣學般若波羅蜜多，同時避免中途取證聲聞涅槃，而失去究竟證大涅槃佛果的機會。

雖然《大涅槃經》是在羅什及慧遠圓寂後才譯出，但是在慧遠時代已譯的經典，也隱約可見闡揚如來涅槃常住之說。例如，西晉竺法護所譯《正法華經・如來現壽品》便說：「如來所當作者皆悉作之，現這得佛，成平等覺已來大久，壽命無量，常住不滅度。」慧遠在廬山經常講述《法華經》，對此該是熟悉且運用自如。

陳．慧達《肇論疏》引用劉遺民文章中提及的慧遠法性說：

法性者，名涅槃，不可壞，不可戲論。「性」名本分種，如黃石中有金性，白石中有銀性。譬如，金剛在山頂，漸漸穿下至金剛地際乃止；諸法亦如是，種種別異，到自性乃止。亦如眾流會歸於海，合為一味，是名法性也。

可見，慧遠認為法性就是涅槃，是常住不壞，不可妄想戲論。世間萬事萬物看似有差別，但體證涅槃的聖者，就會看到一切法的真性都是空性，如海納百川，合為一味。

慧遠在《大智度論鈔序》中進而論云：

無性之性，謂之法性；法性無性，因緣以之生；生緣無自相，雖有而常無，常無非絕有，猶火傳而不息。

從「真空」來說，諸法都是緣起性空、本無自性；從「妙有」來說，以有空義故，也有暫時的現象產生，稱如幻有。從真空妙有不二來說，一切法沒有固定不變的自性，看似有而無自相；雖無自相，卻不能否定它曾經暫時存在過，就像火能從一塊木頭傳遞到另一塊木頭。火永不熄滅，如同諸法的本性是無自性空；不管有佛、無佛，法爾如是，不隨時空而改變。

由此可知，慧遠《法性論》中的法性，其實就是空性。但他特別強調法性是法的真性，旨在說明修行可藉由般若空慧，蕩相遣執，淨化業報，往生淨土，體證無生；此外，更能證入涅槃，成就佛道，徹底照見一切法的真性，即是不生不滅、本自寂靜的諸法實相。

後來，竺道生在長安及廬山大闡涅槃佛性之理；隋代天台智者大師刻意以「空假中」三諦，解釋龍樹中觀思想，以建立中道佛性論；乃至唐代以後禪宗大暢「心即是佛」。這些說明了，般若與涅槃的完美結合，能契合中土根機；使怯弱的人心，在獲得安穩的終極保證後，得以無畏地實踐菩薩道。

《大乘大義章》

本書在第六章提到，羅什入關後，慧遠與羅什曾於西元四〇六年至四〇九年間，至少有三次書信往返；後人結集成書，傳到日本後被稱為《大乘大義章》，便成為現今流通的書名。近人邱槃先生更名《遠什大乘要義問答》，因其注意到本書是兩人甚深法義的討論，而非單方叩問。

此書共有十八章，幾經編纂，已不復見原書信往返順序，加深了慧遠思想轉折與解讀的困難。即便如此，兩位宗教巨擘波瀾壯闊的思想激盪，讓後人得以一窺大乘的深邃與奧祕，卻是不言而喻的。

七十三歲的慧遠，虛心地向羅什懇切諮問數十條問題，涉及宿命智、三十二相、授記、涅槃、法性、法身、宇宙萬物生成、阿羅漢成佛、菩薩遍學、念佛三昧等問題。這些幾乎都是二乘、菩薩及佛的修行境界，道宣律師因而稱此書為《問什師大乘深義》。本書可歸納為五類，以下舉例略說：

一、**翻譯問題**：

懷疑「傳譯失旨」，故向羅什確認胡語原意，以釐清經文意思。

二、**佛典歧異**：

（一）**爲何《大智度論》有小乘實有論「極微」的說法？**

羅什答：論有大小乘。一是小乘論「人我空」，先說人無我，又安立色聲香味觸為實法，眾生可先得解脫。二是大乘論「法我空」，又再說聲香味觸等微塵如幻如化，便能破除小乘對法的執著，使證法空。故《智論》先安立微塵（極微），「或說假，或說實法，無咎。」

（二）**爲何《般若經》與《法華經》對聲聞成佛的說法不同？**

羅什答：阿羅漢可成佛，是佛法「五不可思議」，此事唯有佛知，應該相信。又，涅槃無有定相，故阿羅漢雖斷三界愛，也非不能成佛的焦芽敗種。阿羅漢依二法成佛：一是愛樂涅槃的佛法愛；二是佛無量神力加持及方便力，能使不入涅槃而成佛。

此理何以《般若經》未說，而說於佛入涅槃前講的《法華經》祕藏呢？理由有二：一是策勵菩薩直登佛地，不須迂迴。二是小乘人福德淺，若直說佛道，恐生畏懼；若說能證涅槃，可使小乘人滅苦解脫。

三、法身的問題：

（一）法身無形無相，怎會有四大、五根說法？

羅什答：菩薩的法身類似變化身，有微細四大、五根神通，非三界內眾生及聲聞人能見，唯菩薩清淨無礙眼能見。佛的心可出種種變化身，到十方國度眾生，菩薩法身也是如此，這些都不能以凡夫麤重的四大、五根論之。

（二）法身菩薩如何受生？

羅什答：凡夫還有種種結使煩惱，故受生三界之內。菩薩已滅三界結使，但仍有甚深佛法中的愛、慢、無明等微細煩惱，以此可受有微細四大、五根法身。

四、大小乘問題：

（一）二乘果位的法生法忍智與菩薩有何不同？

羅什答：只是觀法的不同，所證無生法忍智慧相同。聲聞智慧鈍根，易生厭離怖畏心，故觀苦、集、滅、道四諦，可證諸法實相：觀無常知苦，苦即無我，無我則無我所，無我所即空，空不可受，不可受即是不生不滅。菩薩智慧利故，但觀滅諦，能以一諦入諸法實相。從這點來看，大小乘沒有差別，只是根機不同。

（二）爲何菩薩要迂迴遍學二乘法，才能行菩薩道？這不就像兔、馬、象三獸度河，象須先學兔、馬渡河，才能涉深水？

羅什答：高地的菩薩為成就佛的一切智，尚須遍學不善、無記、外道諸神通善法，何況賢聖道法？二乘法也是菩薩道，菩薩熟悉二乘法有二益：一者，能度貪小乘眾生證涅槃，無有疑難；二者，若不學，二乘人不信受。

（三）遍學菩薩學二乘法時，如何避免中途取證涅槃？

羅什答：菩薩入空、無相、無願三解脫門前，應先發願：若修成，入無漏道，不取證涅槃。此外，有二因可不中途取證：一者，深心愛樂無上佛道之心。二者，對眾生大悲深徹骨髓，雖得涅槃味，但不欲獨取涅槃；出無為法，而廣修福德，淨佛國土，度化眾生。

五、修行問題：

為何後念可以追憶前識？羅什肯定慧遠提到心有兩種之說：一是破裂分散心，前念消滅，後念才生，如把色法切割到微塵那樣，這種心不能知過去與未來。二是相續生心，念念滅又相續生。如同燈炬中的火焰，雖有生滅，但又相續不斷，所以有照明的作用。有聖智力的人（宿命智），緣此心法念力，能知道過去及未來的事。

唐代道宣律師《廣弘明集》中，曾列出沙門不敬俗的佛經根據，如：《梵網經．下卷》云：「出家人法，不禮拜國王父母六親，亦不敬事鬼神。」《涅槃經．卷六》云：「出家人不禮敬在家人。」《四分律》云：「佛令諸比丘長幼相次禮拜，不應禮拜一切白衣。」這說明，沙門不禮拜俗人是佛陀所制戒律。

但是，從古至今，這個觀念似乎很難植根於王者心中，幾乎每隔一段時間就有統治者提出沙門禮拜君主的要求。這背後成因頗為複雜，然一旦僧人戒律鬆弛，難以少欲知足，不坐禪、不誦經、不弘法利生，反與民逐利，威脅到統治者的政治與經濟利益時，這個古老的議題就容易再次浮上檯面。整個僧界的災難，有時便從「沙門敬王」，延燒到「滅佛法難」。

元興三年（四〇四）二月，桓玄兵敗被殺，「沙門敬王」早已事過境遷；但是，慧遠早料到，這個棘手的課題很可能在後世重演。基於這樣的理由，慧遠深思熟慮，縝密撰寫了《沙門不敬王者論》一書，首先釐清在家與出家的社會責任，其次要求僧人自覺，嚴守戒律，以實踐出家濟世本懷，讓世人由衷敬重三寶，能認同沙門有不敬王者的理由。

慧遠的《沙門不敬王者論》，共有五篇組成：

第一篇「在家」：在家敬奉佛法的人，為方內順化之民，情未變俗。因此，佛法教導居士，應奉世俗之教，盡天屬之愛，行拜君之禮。又，教導人民深信因果業報，使人知道死後有地獄罪罰，而不敢造惡；有天界或淨土的存在，讓人歡喜行善。僧人對眾生的這些具體教化，其實就在協助君王治國了。

第二篇「出家」：出家乃方外之賓，變俗換服，是為了證道。僧人遯世離俗，高尚行跡，不貴厚生之益，為的是能「拯溺俗於沉流，拔幽根於重劫。」因此，若有一僧成道，則能道洽六親，澤流天下。如此，雖不處王侯之位，而有「協契皇極，在宥生民」之功德；內乖天屬之愛，而不違其孝；外闕奉主之恭，而不失其敬。

第三篇「求宗不順化」：出家的目的是「求宗不順化」，以取證涅槃佛果為目標，不願隨順世間生死流轉。有情眾生的生死輪迴是：

> 有情於化，感物而動，動必以情，故其生不絕。其生不絕，則化彌廣而形彌積，情彌滯而累彌深；其為患也，焉可勝言哉！是故經稱：泥洹不變，以化盡為宅；三界流動，以罪苦為場。

此段指出，無明與貪愛，使有情生死不絕，並隨業受報，流轉於三界六道中，或出生人、天善道，或墮入地獄、畜生惡趣等，反覆受苦。

天地雖有育生萬物之德，無法使人出離生死；王侯雖有治國化民之功，不能讓人滅盡憂苦；然而，出家修道卻能自度、度他，化盡生死，取證涅槃。這便是沙門抗禮萬乘之君、不爵王侯之位而能惠澤百姓的理由。因此，慧遠言下之意，僧人並非不事生產的蠹米蟲，其天職為化俗革心的宗教師範，對眾生之利益不在王侯之下。

第四篇「體極不兼應」：佛是究竟體證真理者，並非不能教化所有人，而是眾生根機不同，不能同時兼應各種教化。慧遠從法性平等的觀點，說明儒釋道三教潛相影響，同中有異，異中有同，殊途同歸。佛是圓滿覺悟者，能以神通妙法，隨類化身，方便度化有情；或化身為靈仙、轉輪聖帝，或為卿相、國師或道士等。因此，三教可說是佛對眾生的因材施教，使人由不同途徑悟入真理。

第五篇「形盡神不滅」：人有生即有死，但是「生從何來，死從何去」？人死後肉身形體消失，精神神識是否繼續存在？始終是古代哲學家探討與辯論的課題。佛教傳入中國以前，傳統道教及民間信仰主張人死為鬼；孔子則「不語怪力亂神」，主張「祭如在，祭神如神在」、「敬鬼神而遠之」，對於死後神識存在與否，表現「存而不論」的態度。到了東漢，王充的《論衡》主張「天地合氣，萬物自生」的唯物思想，認為人是秉氣而生，死後形神俱滅。

這個觀念深深影響了兩晉南北朝的知識分子，例如東晉桓玄與戴逵即執此主張。桓玄秉持「氣化受生論」，認為粗氣為「形」，精氣為「神」；「形」

如同屋宅，形神共住一宅；氣聚則有靈、宅全，氣散則靈滅、宅壞。人死後，形神俱滅，回歸自然。他舉薪火為喻，木喻形，火喻神；木盡火熄，形神俱滅。這就是典型的「斷滅論」，亦即印度外道「人死如燈滅說」。

桓玄抱持這種思想，來否定佛教因果業報、輪迴、涅槃及神佛之說，認為這些都是「視聽之外」、虛無縹緲的東西。或許，正由於他不信因果輪迴，導致一生恃才傲物、為所欲為，篡晉不久後即被殺，人頭墜地，死時才三十六歲。就前後之因果看來，可謂是「現世報」。

慧遠深感桓玄這類「神滅論」邪見，對於國家社會及個人修道都是極大的障礙；因此，他在桓玄死後著述《沙門不敬王者論》時，特在末篇闡述佛教根本教義「神不滅論」的內涵——

（一）「神」非常識能解：慧遠以「神」、「識」、「心」，來指涉人的精神、神識的功能。「神」是卦象無法顯示，上智者無法言喻；若以常識來論斷，則會自陷混亂。

（二）「神」的定義：「神也者，圓應無主，妙盡無名，感物而動，假數而行。」這段是說，「神」極為精妙，具有靈覺性，往往藉著形體來運作，與外物相互感應而造種種業；因此，或可說「神」是善惡業報的承受者。但是，不可說它是「靈魂」；因為，佛教主張無我觀，認為沒有一個自性恆定不變的「我」在輪迴，轉生只是業感緣起的現象。

（三）「神」的功能：神識是「感物而非物，故物化而不滅；假數而非數，故數盡而不窮。」神識雖可感知外物，但並非物質；雖藉形體運作，但也不是形體。人死後形體壞滅，但神識不滅；尚未解脫的人，神識會繼續在三界六道中輪迴。

（四）情為輪迴之母：生死輪迴是「情數相感，其化無端；因緣密搆，潛相傳寫。」神是情之根，情是輪迴變化之母；一旦動情必然召感生死，進入十二因緣流轉門，於六道輪迴投胎。這其中，神識扮演默默傳遞業力的功能。以薪火相傳譬喻，神如火，材如形；火燒盡第一根木材，木灰如形滅，火不滅如神不滅；火可再傳遞，燒盡第二根乃至無數根木材。如此「前薪非後薪」、「前形非後形」，比喻投胎六道種種身形，生死輪迴不斷。

（五）修行的目的：修行就是要淨化神識中染汙的情識，所謂「悟徹者返本，惑理者逐物。」意思是，通過皈依三寶、持戒修定慧、念佛求往生，能使人證悟法性涅槃；反之，若成天追逐五欲、六塵，必然逐物而流轉三界。

〈沙門袒服論〉

從東漢到兩晉時期，中國佛教僧人大多穿著傳統三衣，也就是袒露右肩的袈裟；但是，這對深潤衣冠文化的士大夫來說，始終覺得不合乎儒家古禮。他們非常好奇，為何中國僧人堅持這樣的穿著？

東晉御史中丞鄭鮮之，字道子，是個虔誠的佛教徒，就曾經向慧遠提出僧服的質疑。他在慧遠圓寂後，擔任南宋尚書僕射，也繼承慧遠的思想寫了〈神不滅論〉一文傳世。據陸澄《法論目錄》記載，鄭道子曾著〈與釋慧遠書論沙門袒服〉；也就是說，在何無忌之前就有人向慧遠提出類似的質疑。

「沙門袒服」的爭論內容，主要收錄於僧祐的《弘明集》中，包括慧遠〈沙門袒服論〉、何無忌〈難袒服論〉及慧遠〈答何鎮南〉等三文。這三篇書信，其實是反映東晉士大夫對僧人穿著的普遍困惑，慧遠從儒道同與異的立場，逐一釋疑解惑。

慧遠第一封信〈沙門袒服論〉，答覆何無忌質疑：沙門袒服是否合乎「禮」？為何佛教貴右賤左？可歸納四個重點：

（一）慧遠指出，遠古之民，樸實無華，也沒有服飾禮制的規定；從夏商周以後，人心漸漸不古，三王制禮作樂，教化民心。只是，何無忌執著儒家這套「方內」的禮制為絕對時，便無法理解與接納異國的風俗。按照印度國家的風俗，人們禮佛時，都以偏袒右肩的方式，來表達內在誠敬及去飾無華。雖然相關佛典還未傳入中國，但慧遠早已聽聞西域僧人說過。

（二）釋尊制教，以「右」為尊：例如：睡眠右脇而臥，具安穩等功德，左臥為多貪淫之相；用餐以右手糰食，左手為不淨；繞塔右繞為正，左繞為邪；佛的白毫相與胸前、手足、腰間卍字，皆為右旋，表吉祥等功德。因此，沙門袒右肩，是遵循佛制「右尊」，目的是幫助沙門「進德修業」及「見賢思齊」。而沙門違背世俗名教禮制，是為了捨棄對色身的執著，希望了脫生死輪迴。

（三）人體的習慣動作，一般以右手做事較為方便；反之，用左手容易出差錯。因此，右袒比較容易達到「理悟其心，以御順之氣」的修行效果。

（四）沙門袒右的服飾，是出家別於世俗的標誌，目的是使人「篤其誠，而閑其邪，使名實有當，敬慢不雜；然後開出要之路，導真性於久迷。」因此，當僧人穿上右袒袈裟，久之可達到「形體自然恭敬，去慢存誠，背華俗以洗心」的修行。此外，僧人三衣簡陋，易生慚愧，容易「服膺聖門者，咸履正思順」，對真理所體悟。

何無忌看完慧遠的文章，基本上明白僧人「袒服」的出世與解脫意義，但他不能認同慧遠「右順左逆」的觀點，並舉出儒道「貴左賤右」的例子反駁。例如，《老子》說用兵及凶事應安排在右，《禮記》認為喪事不宜置左；而古代鄭襄公及許僖公等人，都是做了違逆之事，怕遭天譴，才以右袒肉身、並以牽羊或載棺材的方式請罪。這些以右為賤的例子，剛好與佛教相反。

慧遠看了何無忌的信，於〈答何鎮南〉信中回覆，主要有四個重點：

（一）三教異中有同：中國聖人主張戈釣須有節制，四季有不同禁令；「三驅之禮」是網開一面，只捕捉後面未逃的畜生；網罟之設，必待魚產卵方可使用。慧遠認為，儒、道二家忠厚之心，若能擴展到仁及草木，則必能內睦九族，如此無異釋迦慈悲的體現。因此，三教在「天下齊已，物我同觀」的仁慈兼愛精神相同，並無優劣之分。

（二）儒家為佛道之基礎：從究竟佛道來看，佛教其實超越儒教；然而，成佛之理無法一語道盡，佛法妙跡往往隱藏於日常生活中。由於一般人都是貪生怕死、好進惡退，聖人只好隨順民性，先教導孝親事君之道，使人進德修業，並施設左右吉凶之說，例如「吉事尚左，進爵以厚其生；凶事尚右，哀容以毀其性。」儒家「方內」的禮俗，教人應對進退有道，以謀求君臣、夫婦、乃至整個社會人我之間互動良好；但是，這無法使眾生脫離三界六道輪迴，只能算是佛道「漸茲以進德」的基礎。

（三）出家是「求宗不順化」：出家人明白人的痛苦與生死輪迴，是因為執著色身為我，故「遁世遺榮，反俗而動」。出家人不看重世俗衣冠制度，身穿簡陋袒右三衣，「後身退己而不嫌卑，時來非我而不辭辱；卑以自牧謂之謙，居眾人之所惡謂之順，謙順不失其本。」如此日損煩惱習氣，是為超脫生死輪迴，達到不生不滅的涅槃境界。因此，名教認為僧人「逆」禮俗的行為，在佛教卻是順解脫之道。

（四）儒家名教以愛惜色身、追求現世榮華富貴為「順」，而不知「患累緣於有身」及「不存身以息患」的解脫生死之道，必然於六道中生死輪迴。因此，名教自以為「順」世間的禮俗，在佛法看來反倒是「逆」於解脫。

從慧遠回覆何無忌書信中可知，慧遠是以《法華》「會三歸一」的思想為主軸，將儒家名教的孝親、仁慈於物收攝在佛道的基礎，建立起大乘修道次第，而消弭三教間的隔別。最後，再以佛教「求宗不順化」的觀點，使世人明白逆名教的「沙門袒服」，其神聖的修道意義是為了生死與體證佛果大涅槃。

附錄

慧遠大師年譜

歲數	西元	東晉年號	五胡十六國年號
一歲	三三四	晉成帝咸和九年	後趙石弘延熙元年
	慧遠生。道安二十三歲，在冀州。		
四歲	三三七	晉成帝咸康三年	後趙石虎建武三年
	慧遠弟慧持生。		
十二歲	三四五	晉穆帝永和元年	後趙石虎建武十一年
	慧遠、慧持隨舅父令狐氏，游學許昌、洛陽。		
十九歲	三五二	晉穆帝永和八年	前秦苻健皇始二年
	許昌、洛陽戰亂不斷，慧遠求學遇困。		

二十一歲　三五四　晉穆帝永和十年　前秦苻健皇始四年

慧遠與慧持欲渡江與范宣共隱，因戰亂不果，後至太行恆山依道安出家。

二十三歲　三五六　晉穆帝永和十二年　前秦苻生壽光二年

慧遠常欲總攝綱維，以佛法為己任。與慧持精思諷持，以夜繼晝。貧旅無資，曇翼助買燈燭。道安常謂：「使道流東國，其在遠乎！」

二十四歲　三五七　晉穆帝升平元年　前秦苻堅永興元年

慧遠始講經，引《莊子》為連類，釋實相義，惑者曉然，道安許其講經不廢俗書。

二十五歲　三五八　晉穆帝永和九年　前秦苻堅永興二年

道安為慕容俊所逼，停留南陽，再至新野，分張徒眾。竺法汰病停陽口，慧遠荊州問疾，破道恒「心無義」說。

二十六歲　三五九　晉穆帝升平三年　前秦苻堅甘露元年
往後幾年，慧遠隨道安先後至陸渾、南陽等地。

三十一歲　三六四　晉哀帝興寧二年　前秦苻堅甘露六年
慧遠隨道安居南陽等地。

三十二歲　三六五　晉哀帝興寧三年　前秦苻堅建元元年
四月五日習鑿齒致道安書，力邀襄陽弘法。四月後慧遠隨道安南下樊沔等地，住白馬寺，道安立僧制及出家姓「釋」。秋，習鑿齒訪道安，留下「四海習鑿齒，彌天釋道安」佳對。

三十三歲　三六六　晉廢帝太和元年　前秦苻堅建元二年
白馬寺狹，道安或於本年開始，陸續籌建寺院，呈現峴山「一里一寺」奇景。道安又派慧遠建寺，往後數年完成甘泉寺、如珠寺及龍泉寺。

四十一歲　三七四　晉孝武帝寧康二年　前秦苻堅建元十年
慧遠等眾僧於檀溪寺，協助道安作《綜理眾經目錄》。

四十二歲　三七五　晉孝武帝寧康三年　前秦苻堅建元十一年
四月八日，道安始鑄檀溪寺釋迦像。

四十三歲　三七六　晉孝武帝太元元年　前秦苻堅建元十二年
冬，檀溪寺釋迦像嚴飾畢，疑檀溪寺舉行開光法會，苻堅遣使贈外國金箔椅像等，慧遠奉道安命作〈晉襄陽陽丈六金像贊序〉。晉孝武帝下詔，授道安一品王公最高俸祿。慧永約於本年至廬山，陶範為建西林寺。

四十四歲　三七七　晉孝武帝太元二年　前秦苻堅建元十三年
慧遠隨道安應征西將軍桓豁邀請，暫住江陵弘法。朱序上任，請道安回襄陽。

四十五歲

三七八　　晉孝武帝太元三年　　前秦苻堅建元十四年

二月，前秦苻堅派苻丕等攻襄陽。桓沖擁兵七萬，駐守上明，憚秦兵不敢進。道安分張徒眾，慧遠與弟慧持、曇徽等南適荊州，住上明寺。

四十六歲

三七九　　晉孝武帝太元四年　　前秦苻堅建元十五年

二月，苻丕攻破襄陽，執道安、習鑿齒及朱序回長安。

慧遠與慧持或於本年離開上明寺，直到西元三八三年方抵廬山。這三、四年間，慧遠與慧持先赴湖北當陽建龍泉寺及育溪寺，後至武昌建寒溪寺、西山寺（古靈泉寺）及黃梅建柘林禪寺。

五十歲

三八三　　晉孝武帝太元八年　　前秦苻堅建元十九年

據《佛祖統紀》載，慧遠與弟慧持等始至廬山，建龍泉精舍。

五十一歲

三八四　　晉孝武帝太元九年　　前秦苻堅建元二十年

慧遠與弟慧持等住西林寺。據《十八賢傳》載，江州刺史桓伊，為慧遠始建東林寺。

五十二歲　三八五　晉孝武帝太元十年　前秦苻堅建元二十一年
二月八日，道安圓寂於長安，葬五級寺中。釋曇邕南下廬山，事慧遠為師。

五十三歲　三八六　晉孝武帝太元十一年　後秦姚萇建初元年
東林寺竣工。相傳慧遠迎陶侃阿育王文殊像於寺內神運殿。慧遠自此「影不出山，跡不入俗」約三十年。

五十四歲　三八七　晉孝武帝太元十二年　後秦姚萇建初二年
竺法汰圓寂於京師瓦官寺。

五十六歲　三八九　晉孝武帝太元十四年　後秦姚萇建初四年
東林寺建設般若譯經臺，釋寶雲依慧遠為師，參與出坡。

五十八歲　三九一　晉孝武帝太元十六年　後秦姚萇建初六年
僧伽提婆至尋陽，慧遠迎至廬山住七年，於般若臺重譯《阿毗曇心論》及《三法度論》。

五十九歲　三九二　晉孝武帝太元十七年　後秦姚萇建初七年
荊州刺史殷仲堪，上山謁慧遠，共論《易》。
慧遠派遣弟子法淨、法領等，西行求法。

六十歲　三九三　晉孝帝太元十八年　後秦姚萇建初八年
秋，戴逵致書並作〈釋疑論〉寄慧遠。

六十一歲　三九四　晉孝武帝太元十九年　後秦姚興皇初元年
周續之、慧遠與戴逵先後書信往返，辯論佛教因果業報。
釋道祖約於本年至廬山，依慧遠為師。

六十四歲　三九七　晉安帝隆安元年　後秦姚興皇初四年
竺道生入廬山，依慧遠為師。
僧伽提婆離廬山至京師弘法，備受王公及名士尊崇。
冬，慧遠派慧持與道祖至京師，協助僧伽提婆等重譯《中阿含》、《增一阿含》。

六十五歲　三九八　晉安帝隆安二年　後秦姚興皇初五年
六月，僧伽提婆、慧持等在京師譯訖《中阿含經》六十卷。

六十六歲　三九九　晉安帝隆安三年　後秦姚興弘始元年
慧遠答王謐書。桓玄討殷仲堪經廬山，慧遠稱疾不出，玄入山不覺致敬。
慧持離廬山，赴蜀弘化。宗炳入廬山，親近慧遠。釋僧徹依慧遠出家。

六十七歲　四〇〇　晉安帝隆安四年　後秦姚興弘始二年
慧遠與徒眾三十餘人，游廬山石門，後集〈游石門詩〉並作序。

六十八歲

四〇一　晉安帝隆安五年　後秦姚興弘始三年

劉遺民任柴桑令，籌入山之資。

慧遠派僧濟對外講經，每謂：「共吾弘佛法者爾其人乎。」

十二月二十日，鳩摩羅什至長安。

六十九歲

四〇二　晉安帝元興元年　後秦姚興弘始四年

二月羅什譯出《阿彌陀經》。

二月，桓玄發兵入京，握控朝權。三月自命太尉，致書慧遠疑因果業報，慧遠作〈答桓南郡明報應論〉。後桓玄沙汰僧眾及勸慧遠罷道，慧遠作〈與桓太尉論料簡沙門書〉。

四月，桓玄與八座議沙門敬王，寄書慧遠，遠覆信論辯護法。

七月二十八日，慧遠與劉遺民等一百二十三人，結社念佛，共期西方。

七十歲

四〇三　晉安帝元興二年　後秦弘始五年

慧遠與鳩摩羅什互通書信。

十二月，桓玄篡位稱帝，國號楚，致書慧遠，許沙門不敬王。

七十一歲　四〇四　晉安帝元興三年　後秦姚興弘始六年

五月，桓玄被斬。晉安帝從江陵回京師，輔國公何無忌勸慧遠下山晉見，遠稱疾不行。帝遣使慰問，遠修書致謝。

慧遠作《沙門不敬王者論》五篇並序。

慧遠約於本年再游廬山，作〈廬山記略〉及五言〈游廬山詩〉。劉程之、王喬之、張野等皆為和詩。

七十二歲　四〇五　晉安帝義熙元年　後秦姚興弘始七年

後秦主姚興，請慧遠為羅什譯《大智度論》作序，慧遠後刪抄為二十卷並序。

慧遠遣書曇摩流支，請譯《十誦律》。

慧遠派竺道生、釋慧觀等從廬山入長安，從羅什受業。

雷次宗入廬山事慧遠。

七十四歲　四〇七　晉安帝義熙三年　後秦姚興弘始九年

慧遠等約於本年作〈念佛三昧詩〉，遠為詩集作序。

慧遠命僧徹講《小品般若經》，深得同門推服。

七十五歲　四〇八　晉安帝義熙四年　後秦姚興弘始十年

夏末，竺道生從長安回廬山，以僧肇〈般若無知論〉示慧遠、劉遺民。

七十六歲　四〇九　晉安帝義熙五年　後秦姚興弘始十一年

鎮南將軍何無忌請慧永及慧遠僧團百餘僧，爰集廬山虎溪。何無忌作〈難沙門袒服〉致遠，遠作〈沙門袒服論〉。

慧遠弟子法淨與法領等，西行求法回國。

七十七歲　四一〇　晉安帝義熙六年　後秦姚興弘始十二年

盧循入廬山詣慧遠。後劉裕追討盧循，遣使致書慧遠表敬及供養錢米。

七十八歲

四一一　晉安帝義熙七年　後秦姚興弘始十三年

佛馱跋陀羅與弟子慧觀等被擯出長安，慧遠欣迎至廬山，致書姚興及關中眾僧，解其擯事。

慧遠請佛馱跋陀羅於廬山譯出《禪經修行方便》二卷，並作序。

劉毅任江州刺史，謝靈運隨劉毅入廬山，初見慧遠，肅然心服。

七十九歲

四一二　晉安帝義熙八年　後秦姚興弘始十四年

五月一日，慧遠建佛影龕竣工。

據《十八賢傳》，佛馱耶舍於本年來廬山入社。

佛馱跋陀羅與慧觀等離廬山，赴江陵。

八十歲

四一三　晉安帝義熙九年　後秦姚興弘始十五年

雷次宗、宗炳等於慧遠座下學習《喪服經》。

四月十三日，鳩摩羅什圓寂於長安大寺，時年七十。

法顯於結夏後至九月三日前入廬山。

九月三日，慧遠將自作的〈佛影銘〉及謝靈運等人所作佛影銘贊，刻之於石。

八十一歲　四一四　晉安帝義熙十年　後秦姚興弘始十六年

慧永臨終蒙佛接引，往生西方。

八十三歲　四一六　晉安帝義熙十二年　後秦姚興弘永元年

八月，慧遠預知時至，阿彌陀佛及聖眾接引往生。

潯陽太守阮侃造壙築墳，謝靈運作碑文，張野作序，宗炳立碑於寺門。

參考書目

一、慧遠文集（按年代）

木村英一編，《慧遠研究．遺文篇》，東京：創文社，一九八一。
慧遠大師，《慧遠大師文集》，臺北：原泉出版社，一九九〇。
慧遠大師，《廬山慧遠大師文鈔》，江西：東林寺印經處，二〇〇六。
慧遠大師著．張景崗點校，《廬山慧遠大師文集》，北京：九州出版社，二〇一四。

二、慧遠研究專著（按年代）

木村英一編，《慧遠研究．研究篇》，東京：創文社，一九六二。
田博元，《廬山慧遠學述》，臺北：文津出版社，一九七四。
方立天，《慧遠及其佛學》，北京：中國人民大學出版社，一九八四。

區結成，《慧遠》，臺北：東大圖書公司，一九八七。
劉貴傑，《廬山慧遠大師思想析論——初期中國佛教思想之轉折》，臺北：圓明出版社，一九九六。
曹虹，《慧遠評傳》，南京：南京大學出版社，二〇〇六。
李幸玲，《廬山慧遠研究》，臺北：萬卷樓圖書公司，二〇〇七。
鞏斌，《慧遠法師傳》，江西：江西人民出版社，二〇〇七。
釋大安主編，《超越千載的追思——紀念慧遠大師誕辰一六七〇年》，北京：宗教文化出版社，二〇〇八。
蔣海怒，《慧遠》，昆明：雲南教育出版社，二〇〇九。
張敬川，《廬山慧遠與毗曇學》，北京：中國社會科學院出版社，二〇一二。
李勤合，《廬山慧遠教團研究》，北京：社會科學文獻出版社，二〇一六。

解興華，《廬山慧遠與中國哲學心性本體論的建立》，重慶：西南師範大學出版社，二〇一六。
中國人民大學淨土文化研究中心編，《中國淨土宗研究（慧遠篇）》，海南省：南海出版公司，二〇一八。
杜玉玲，《廬山記與慧遠傳說》，江西：江西人民出版社，二〇一八。

三、其他專書（按年代）

宇井伯壽，《道安研究》，岩波書店，一九五六。
湯用彤，《漢魏兩晉南北朝佛教史》，臺北：臺灣商務印書館，一九九一。
劉貴傑，《東晉道安思想研究》，臺北，文津出版社，一九九二。
唐翼明，《魏晉清談》，臺北：東大圖書公司，一九九二。
孫述圻，《六朝思想史》，江蘇：南京出版社，一九九二。
周紹賢．劉貴杰，《魏晉哲學》，臺北：五南出版社，一九九六。

龔雋，《道安大師傳》，高雄：佛光，一九九六。
許理和著．李四龍、裴勇等譯，《佛教征服中國》，南京：江蘇人民出版社，一九九八。
嚴耀中，《江南佛教史》，上海：上海人民出版社，二〇〇〇。
劉長東，《晉唐彌陀淨土信仰研究》，成都：巴蜀書社，二〇〇〇。
梁啓超，《佛學研究十八篇》，上海：上海古籍出版社，二〇〇一。
盧桂珍，《慧遠、僧肇聖人學研究》，臺北：臺灣大學出版委員會，二〇〇二。
方廣錩，《道安評傳》，北京：昆侖出版社，二〇〇四。
涂艷秋，《鳩摩羅什般若思想在中國》，臺北：里仁出版社，二〇〇六。
吳丹，《大乘大義章》研究，長春：吉林出版社，二〇〇八。
胡中才，《道安著作譯注》，北京：宗教文化出版社，二〇一〇。
胡中才，《道安研究》，北京：宗教文化出版社，二〇一一。

李國強．王自立，《歷代名人與廬山》，江西：江西教育出版社，二〇一六。
史經鵬，《從法身到佛性——廬山慧遠與竺道生思想研究》，北京：人民出版社，二〇一六。
胡中才，《道安踪迹考析》，北京：宗教文化出版社，二〇一六。
錢穆，《國史大綱》（修訂四版），臺北：臺灣商務印書館，二〇一七。
九江市佛教協會主編，《廬山論壇：佛教與中國文化峰會論文集》，北京：社會科學文獻出版社，二〇一八。

四、單篇論文選錄（按年代）

陳統，〈慧遠大師年譜〉，《史學年報》第二卷第三期，一九三六年十一月。
笠沙雅章，〈廬山慧遠年譜〉（木村英一編，《慧遠研究——研究篇》，東京：創文社，一九六二年），頁五三五至五四三。
周伯戡，〈慧遠「沙門不敬王者論」的理論基礎〉，《臺大歷史學報》第九期，一九八二年十二月，頁六七至九二。
呂春盛，〈五胡政權與佛教發展的關係〉，《臺大歷史學報》，一九九〇年十二月，頁一五九至一八四。
周伯戡，〈早期中國佛教的小乘觀——兼論道安長安譯經在中國佛教史上的意義〉，《臺大歷史學報》第十六期，一九九一年八月，頁六三至七九。
張育英，《慧遠大師籍貫考》，《世界宗教研究》第三期，二〇〇〇年。
陳寅恪，〈支愍度學說考〉，（《金明館叢稿初編》，北京：三聯書店，二〇〇一年），頁一五九至一八七。
陳敏齡，〈廬山慧遠的彌陀論〉，《佛學研究中心學報》第七期，二〇〇二年七月，頁九十三至一一四。
楊曾文，〈爲協調佛法與王法立論——慧遠《沙門不敬王者論》析〉，佛學研究，二〇〇四年，頁六五至七四。

溫金玉，〈佛圖澄山西遺迹考〉，《普門學報》第二十一期，二〇〇四年五月，頁一三一至一五六。
張育英，《關於慧遠大師研究中的幾個問題》，《世界宗教研究》第二期，二〇〇五年。
林育信，〈論南朝隱逸思想與佛教思想的融合——以慧遠考察爲中心〉，《興大中文學報》第十七期，二〇〇五年六月，頁三二五至三三四。
溫金玉，〈追尋慧遠的弘法遺迹——樓煩寺與白仁岩寺〉，《中國宗教》，二〇〇六年三月。
劉苑如，〈廬山慧遠的兩個面向——從〈廬山略記〉與〈遊石門詩序〉談起〉，《漢學研究》第二十四卷第一期，二〇〇六年六月，頁七十一至一〇六。
金滎煥，〈羯族的流遷與生活方式——以後趙建國以前爲中心〉，《成大歷史學報》第三十五期，二〇〇八年十二月，頁八一至一一〇。
潘文才，〈重議慧遠故里在原平〉，《石鼓》第一期，二〇一〇年。
李勤合．王文潔，〈慧遠荔枝塔之意義及其近代重現〉，《鄖陽師範高等專科學校學報》第三十一卷第四期，二〇一一年，頁八九至九一。

王再興，〈釋道安也是孔子後人考〉，《佛教研究》第四期，二〇一一年，頁一四一至一四四。

李勤合，〈廬山慧遠研究綜述〉，《中國文哲研究通訊》第二十九卷，二〇一九年，頁四一至五四。

崔玉波，〈慧遠大師所建寺院考〉http://www.bairenyan.com/page115?article_id=487

國家圖書館出版品預行編目(CIP)資料

慧遠大師：漢傳淨土宗初祖／釋大參編撰 — 初版
臺北市：經典雜誌，慈濟傳播人文志業基金會
2020.09；400 面；15×21 公分 —（高僧傳）
ISBN 978-986-98968-7-0（精裝）
1.（晉）釋慧遠 2. 佛教傳記 3. 淨土宗
229.33 109012100

慧遠大師——漢傳淨土宗初祖

創 辦 人／釋證嚴

編 撰 者／釋大參
插圖繪者／玉 鼎
主編暨責任編輯／賴志銘
行政編輯／涂慶鐘
美術指導／邱宇陞
校對志工／林旭初

發 行 人／王端正
合心精進長／姚仁祿
傳 播 長／王志宏
平面內容創作中心總監／王慧萍

內頁排版／尚璟設計整合行銷有限公司
出 版 者／經典雜誌
慈濟傳播人文志業基金會
112019臺北市北投區立德路2號
客服專線／（02）28989991
傳真專線／（02）28989993
劃撥帳號／19924552 戶名／經典雜誌
印 製／新豪華製版印刷股份有限公司
經 商 商／聯合發行股份有限公司
231028新北市新店區寶橋路235巷6弄6號2樓
（02）29178022
出版日期／2020年 9 月初版一刷
2021年12月初版四刷
定 價／新臺幣380元